福祉の哲学

改訂版

阿部志郎 著

誠信書房

はじめに

この本は、手にされる人への私のメッセージである。

この本は、若い人びと――少なくとも私よりは――に対する私の語りかけであり、問いかけとして受けとめてほしい。

なぜ社会福祉に興味があり、どのようなきっかけでボランティア活動をし、何を目指してソーシャルワーカーを志望するのかは知らない。

資格は役に立つから、ともかく取得しておきたいという人もいるだろうし、生涯の職業として福祉・介護を選ぶ決心をした方なら、私の望むところだ。まだ、将来の道に迷っている人もいるかもしれない。未経験の人、豊かな経験をもつ人、ボランティアと、背景もさまざまだろう。

その動機は問わない。動機はあくまで動機であって、問題はその人の人生がどのように豊かな実を結ぶかだからである。

社会福祉に関心を抱く人、職業として選択を考えている人、現に専門職として働いている人を読者として想定しているが、特に、専門職として福祉を志している人を念頭に浮かべている。福祉・介護に関心を抱いた心を大切にしてほしい。それは、他者に自分の思いを向けたことであり、自己の内に他者を存在させる努力を意味しているからだ。その心を育てるのが人生の課題だと言いたい。

福祉の哲学を語れるのは、私の大きな喜びで、私の内にある哲学を分かち合い、それによって一緒に考えていただければと願っている。だから、メッセージなのである。

この本は、教科書でも概説書でもない。学問的貧しさも自覚している。ただ、実践の場からのひとりの先輩の発言として耳を傾け、自分の意見を養うのに参考にしてもらえればうれしい。

私は、教養のレベルでいくらかの哲学書に目を通した程度で、哲学というと難解で縁遠いものと思ってきたひとりでもあるので、本格的に哲学を専攻していない。そのうえ、戦後の整備されない時代なので、社会福祉の専門教育を体系的に受ける機会もなかった。

なのに、なぜ「福祉の哲学」を執筆するのか。自分自身、いささかおこがましい不遜な行為だと認識しているが、あえて執筆する理由を記してみよう。

福祉に興味を抱いて六十年近い。正規ではないが三年ほど学校に通ったあと、数年間、教育・

研究に携わったほかは、現業に身を置いて五十年になる。だから、私は学者ではなく、ソーシャルワーカーである。それとともに、私自身ボランティア出身でもあるので、本書でもボランティア活動には、深く心に留めている。

福祉実践は、楽しいというよりむしろ辛いことが多い。にもかかわらず、歩んできた道を振返ると、悩みや苦しみに勝る喜びがあったことに気づく。悲哀や苦痛があったにせよ、それを乗り越え実践に取り組める希望に生かされてきたとは、なんと恵まれた人生かと、今にして心満たされている。

福祉の場で、ときに苦悶し、ときに歓びにあふれながら、自省し、思索し、勇気づけられた経験を若い人びとに伝えようというのが、執筆の動機だ。語るべき多くの言葉をもっているわけではない。けれども、これだけは伝えておきたい、語っておきたいという気持ちで綴った文章なので、言外の思いを汲み取ってほしいと思う。

長い実践のなかで、学んだこと、見聞きしたこと、涙したこと、微笑みを誘われたこと、感動したことは数えきれない。これらの体験を整理し、思索を跡づける、それが私の哲学である。

福祉に、はたして、哲学は必要なのか。

福祉は実際の行動であって、思惟的な観念の世界ではない。したがって深遠な学理を客観的に叙述したり、碩学の哲理を紹介することが福祉の哲学だとは思えない。

哲学＝フィロソフィとは、知を愛することを意味するが、「哲学は現実に対する不断の理解への努力」とプラトンはいい、岩下壮一も「生きた哲学は現実を理解しうるものでなければならない」（七頁参照）と考えている。さらに、プラトンは「哲学は魂の世話をすること」だという。現実の理解に努め、愛を深めることが「魂の世話」（therpia）ということになるのではないか。

自らの魂を深め愛を高めることが、仕事への喜びをもたらす。喜捨という仏教用語は、喜んで財宝を施すこと、捨身とは身を献げることだが、喜びが内に満ちれば自らを他者に与えることができると解釈できる。

介護、ケア（carus）とは愛という貴重な価値を示す。なぜケアをするのかと問われれば、愛するからと答えることにほかならない。

その他者への愛を深化したい、それが哲学に立ち向う私の態度であり心情なのである。

人間性に対する深い洞察を養い、福祉の意味をたずね、それによって人間への愛情と社会を見る目が育てられる。それが哲学であってよいではないか。そこで、私がなぜ福祉の世界に加わるようになったか、現業で何を目標とし、福祉をどう理解しているかを、率直に告白することが、福祉の哲学にふさわしいに違いないと考えた。すなわち、実践を支える思想的根拠を問い、自分と他者の関係が、ふれあいを通して共に変えられ、共存を方向づけるところに哲学の意義があるということである。
この人生哲学が、地位や収入よりも社会的な意味ある仕事として、福祉を選ぼうとする読者の社会哲学にもつながることを期待したい。

施設や団体、大学の経営・運営に責任を負う者として時間的余裕に乏しく、執筆を引き延ばしてきた。これはもちろん、言い訳にすぎない。要するに、書く自信がないからである。でも執筆するからには、すべて新しく書き下ろそうと意図したが果たせず、半分はすでに発表したものに加筆訂正せざるを得なかった。怠慢のひとことにつきる。推敲もままならず、論旨も一貫性を欠き、検討不足でいくつかの項目を割愛したこともお詫びしておく。

執筆しはじめたころ、いくつかの事件や問題が進行していた。ペルーでの人質事件、医療保険改革、介護保険創設、阪神・淡路大震災の復興、金融不安、そして、旧厚生省の不祥事などが目立つ。その後も、施設の不正、ヘルパー派遣業者のスキャンダル、最近では、社会保険庁のミス、防衛省の汚職、自衛艦の衝突事故が報ぜられ、職業倫理が問われる問題が続いている。
なかでも、社会福祉に従事する者にとって、旧厚生省の汚職事件は不幸なことだ。非難を浴びせるのは易いが、マスコミが報ずる政・官・業――官・民・業の癒着という視点を離れて、なぜ事件が起こったかの思想的背景を明らかにし、何をそこから学ぶかに心を留めてみることにする。

民主主義には、二つの原則がある。

「最大多数の最大幸福」の実現という、英国の思想家が掲げた主張がその一つの原則だ。民衆の福祉の拡大を志向しているのは疑いない。

この原則から普通選挙を根幹とする政治形態が生まれ、多数決の方法も採用された。

ところが、最大多数が屢々支配力となって少数を抑圧したり、横暴になる弊害を避けることができない。せっかく選挙権をもちながら、総選挙で半分の人が棄権し、自治体選挙で七割の人が意思表示をしない現状では、民主主義が成長しているとはいえず、投票率が八〇〜九〇％のヨーロッパにはるかに及ばない。

民主主義に、もう一つの原則があることを指摘しなければならない。

人間は一人以上にも以下にも数えられてはならないとする厳格な平等主義が、それだ。福沢諭吉は、「天は人の上に人をつくらず、人の下に人をつくらず」と表現した。ここから、一人一票主義が出てくる。

どんな人も、地位、財産、性別、人種、国籍にかかわりなく、あくまで〈ひとり〉として認められ、なにものにも侵されない尊厳さを与えられている。これはペルソナにもとづく。ペルソナとは、パーソナリティの原語で、「神の像《かたち》」の意である。一人ひとりのなかに神の像（イメージ）が宿されているから尊いのだ。そこから人間の権利が導かれる。

たとえ一人であっても、少数が大切にされなければならない理由は、ここにある。なのに、社会はこの原則を無視して多数――マジョリティが力で全体を押さえる傾向をもつ。

二つの原則が均衡を保つことによって民主主義は発展する。少数――マイノリティがいかに扱われるかが民主主義の成熟度を表すバロメーターで、マイノリティが尊重される社会が福祉社会にほかならない。

福祉は、マイノリティを重んずるところから始まる。これが福祉のアイデンティティである。高齢人口が二〇％を占めても、高齢者は質的にマイノリティの問題をかかえている。〈ひとり〉の尊厳を守り、その人が自立的に生き、社会のなかで人生を充実できるように援助するのが、社会福祉の実践である。それだけではない。援助には、社会に背を向けて〈ひとり〉を守るのでなく、マイノリティとマジョリティがともに力を合わせ、連帯できる社会の追求を目指す姿勢を欠かせない。

マジョリティの制する社会は、マイノリティを排除しようとする。現在でも「外国人労働者は出ていけ」の声があるし、「要介護者は家族が面倒をみよ」「女性は家庭に帰れ」「社会的弱者が優遇されすぎてないか」の批判は、まさにマイノリティを拒否する論理であり、根深い偏見の表れである。

私たちは自分と違うものを拒もうとする。それが偏見となり、差別となり、いじめとして噴出する。しかし、人はみなそれぞれの個性をもち、社会も多様な文化・人種・グループによって構成されている。人は、みな「同じ」で等しいと同時に、みな「違う」。その違いを福祉は大事にする。異質性を認識し、受容するのが、福祉専門職の課題であることを自覚すべきである。〈ひとり〉とふれあい、学習し、理解し、信頼し、それを行動に表し、共に生きようとするのが福祉に働く者の態度で、信頼関係が基本となる。

さて、旧厚生省の不祥事は、マイノリティ擁護に情熱を傾け政策化に熱心であったのに、高齢化による福祉行政の急膨張のひずみか、いつの間にかマジョリティに巻き込まれ、マイノリティへの配慮を見失ってしまったのではあるまいか。業界のスキャンダルも例外ではない。

これには、マイノリティの実態、ニードの切実さを絶えず行政に反映させ、適切な対応を求めなかった現業の責任もないわけではない。

この事件は、ひとり厚生省の問題にとどまらず、同時に、私たち団体・施設が直面する誘惑であり、働く者誰しもが感ずる可能性でもある。

現業の働きが、経営本位に陥らず利用者を中心とする処遇・運営を心がけるべきことを教訓として学ぶことが必要だ。いかなる場合にもワーカーは、〈ひとり〉から目をそらすことをしないということだと思う。

一九七〇年代から、公私分離から公私協働へと移ったが、「公」と「私」の責任と限界、その方向性を厳重に検討せず、相互に依存して両者の間に緊張感がなかったのも、公私間に問題が生じる一因だと思われる。

私たちのうちに「お上」意識が抜けず、すべてお任せ主義があり、公の側には権力と権限に対する誤解と錯覚があったのではないか。

私たちの意識もまた、変革を迫られている。

福祉の仕事は、マジョリティが優先する社会でマイノリティの「弱さ」にかかわることである。マジョリティの側に立つのが「強者」で、マイノリティは「社会的弱者」と呼ばれる。

弱さにかかわると、弱さを利用することもつけこむこともできる。肉体的・経済的・社会的・精神的弱さにかかわっても、それを商売にしたり喰い物にしない職業倫理が求められる。

すなわち、すぐれて倫理、思想の問題だ。そして、ここに福祉の哲学が登場する背景がある。

日本を代表する実業家、渋沢栄一は、五百の企業を興すと同時に、六百の教育、社会公共事業を支援し、全国社会福祉協議会の創設にかかわったが、「片手にソロバン片手に論語」をプリンシプルとし、「大富豪になっても、多数が貧困に陥るのでは正しい道理といえない」と説いた。論語とは、言い換えれば、倫理であり哲学であるが、渋沢は確固とした人生観、社会観をもって生涯を貫いた人物といえよう。

汚職や不正は、マジョリティに安住する人びとにとって構造的に派生する欠陥でもあるので、総体的、社会的な広い視野で論じなければいけないが、それとともに一人ひとりの内面的人間的なあり方に関する問題なのである。

この本は、社会的側面を念頭に置きながら、福祉の仕事をする人間の生き方、他者との関係、そのことのもつ意義を取り上げている。

一九九五年一月十七日に起こった阪神・淡路大震災に、百四十五万人といわれるボランティアが救援に参加し、ボランティア元年とまでいわれたが、十年たつと震災の記憶が遠のいていくし、災害の被害者を忘れ去ってしまう。阪神と同じく中越地震でもめざましい復興を続けている街の陰に、生活目標を喪失し、不安に襲われた人びとが、孤独死、自殺、心身の不調、アルコール依存症に苦しんでいるではないか。挫折から回復する希望を見出せずにいるマイノリティの問題が、あまりマスコミで取り上げられない。

この人びとの心のケア、地域での人と人のふれあい、技術援助をどうするかが問われている。福祉の哲学で扱うべき領域の事柄として考えるべきだろう。矛盾に胸を痛め、感動と喜びを分かち合う心が、福祉の哲学の基礎だからである。

読者に問題の素材を提供し、そして課題を提起することに私の願いがある。読者が私と共鳴できること、批判すべきこと、疑問に思うことがあろう。それでよいのだ。批判精神が、読む人の哲学をつくる契機になってくれれば。

自分とは誰なのかの疑問に自ら答えようとする自分との対話、他者にかかわって生きようとする人間関係の探求をしなければ、社会福祉の必要性も納得できないのではないか。

読者の人生観、社会観の形成に少しでも役に立つことを願う切なるものがある。

この本を読んでくださる方々の上に、祝福を祈ってやまない。

長い「はじめに」になったが、一九九七年四月の初版に若干の筆を加え、大学での最終講演を添えることにした。

最後に、本書出版を引き受けてくださった誠信書房の柴田淑子会長、執筆の遅れを寛容に待ち、出版に至る細部にまで心を砕いてくださった誠信書房編集部の松山由理子氏、中澤美穂氏に御礼申し上げる。

二〇〇八年三月

阿部　志郎

目次

第1章　呻《うめ》きに答える

第1節　隔離される

静岡県御殿場市の一隅に、神山復生病院というハンセン病療養所がある。

一八八九（明治二十二）年にフランスのテストウィド神父によって設立されたが、それは日本政府が対策を樹《た》てはじめるより二十年早く、わが国で最初のハンセン病療養所である。

テストウィド神父が東海道を徒歩で布教している途中、御殿場あたりで、夫に捨てられた三十歳ぐらいの女性が、水車小屋の片隅にあるわら屑のなかで呻いている様子を見て、心を痛めた。ハンセン病患者が土蔵に閉じ込められ、人間として扱われていない例を思い浮かべ、そ知らぬ顔をしてこの女性の傍を通り過ぎてはならないと、自分に言い聞かせた。

そこで、付近の民家を借り受け、六人のハンセン病患者を生活させた。一八八七（明治二十）年のことである。

神父の思いは次第に深まり、病院設立を計画し、その開設を司教に嘆願した。
「私は、どんな危険に身をさらしているかよく承知しています。ことによったら、同僚宣教師らとの交際もできなくなる日がくるかもしれません（ハワイ・モロカイ島の療養所で、ダミアン神父がハンセン病に感染した後のこと）。私は最後の恩典として、私の愛するらい患者と生死を共にする御許可をひたすらお願い申し上げます」(1)。

二年後に設立許可が得られ、本国にある私財を売り払い、御殿場の神山に土地を求めた。テストウィドの献身と祈りが込められて開設されたのが、神山復生病院なのである。

ハンセン病はかつてらい病と呼ばれ、太平洋戦争後に治療薬が導入されるまで不治の病といわれていた。神経障害によって顔や手足が変形することもあって、古くから人びとに忌み嫌われ、病者は地域社会から排斥、迫害されたので、療養所に隔離収容されることを余儀なくされた側面がある。

ハンセン病に感染すると、昔、家族のとりうる処置は二つしかなかった。

富裕な家では患者を隠すために「座敷牢」に閉じ込め、一切外に出さず人に会わせなかった。このような患者を訪問して、療養所に入ることを勧めた女医の涙ぐましいすぐれた記録(2)が遺されている。座敷牢は、現在では私宅監置として禁じられているのに、あとを絶たない。精神障害者、心身障害児・者がその被害を受けているので、座敷牢は決して昔の物語ではない。

もう一つの方法としては、家に余裕がない場合には、患者は家出するほかない。夜陰にまぎれて患者は家を去るが、泊めてくれる宿はなく、店では石を投げて追い帰される。各地を放浪していた患者は、浮浪らいと呼ばれた。病苦と孤独と貧困にうちひしがれた人びとであった。ハンセン病は天刑病ともいわれ、前世における罪の報いとして天から科せられた罪と考えられていたので、患者のみならず家族までが呪われたものとして社会的に孤立した。

この人びとが、公の責任で保護されるようになったのは一九〇八年以降のことで、その契機は一九〇五（明治三十八）年に、英国大使館前に行き倒れになっていた数人の患者を見て、大使が日本政府に「伝染病のらい患者を路上に放置しておくのか」と抗議を申し入れたといわれる。ノルウェーで、ハンセンが病菌を発見してから、ヨーロッパではらいは伝染病と理解され、ハンセン病と呼ばれるようになったが、日本では遺伝と考えられていた。しかし、大使の抗議を受け、外交上の信用問題に発展するのを恐れた政府は、あわてて立法化したと伝えられている。そして、公立の療養所が開設されることになった。

ハンセン病は、「濃密な接触を繰り返す家族らに感染しやすく、生涯不治の病」との認識から、一九〇七（明治四十）年、旧「らい予防法」で病者の強制隔離が定められた。すでに国際的に病者の隔離は否定されていたのに、一九五三（昭和二十八）年の改正でもこの思想は受け継がれ、療養所中心のハンセン病対策が続けられた。

近年、親と引き裂かれた人の悲痛な叫びに改めて耳を傾けながら、「らい菌は感染力が弱いので、強制隔離は人権侵害である。らい予防法の存在を看過すべきではない」という気運が高まり、「日本らい学会」は、一九九五年に「不当な法律の存在を今日まで見過ごしてきたことを反省する」という見解を発表した。

そして、ようやく一九九六年四月に「らい予防法」が廃止されたのは、遅きに失したといえ、喜びにたえない。ここまで到達するのに、九十年の長い歴史があるのを忘れることはできない。ともあれ、旧らい予防法によって公立の療養所が開設されたのは、神山復生病院創設の二十年後のことである。

療養所に隔離収容した理由は「祖国浄化」のため、すなわち、伝染を防ぎ感染者を減らすために隔離したのである。いかに多くの人びとが嫌悪され、迫害と屈辱を耐え忍び、悲惨な境遇をたどらざるを得なかったことか。療養所開設以来百年の間に、二万四千二百七十九人の方々が、肉親に看取られることなく命を閉じている。

病気に対する恐ろしさ、忌わしさが誤解を助長したが、まことに幸いなことに、天刑病といわれた病いも、今では全治できるようになった。

ハンセン病者が一人もいなくなる日は遠くないとはいえ、まだ十五の療養所に五千三百人、平均年齢七十八歳の人びとが、病い癒えても地域の偏見と差別に泣かされ、身体と視覚の障害に耐えながら療養生活を送っていること、そして世界でまだ制圧されない国が四カ国、患者数は二十三万、そのうち二十万七千人の人びとがアジアで苦しんでいること、隔離政策が日本近代化の歴史のなかで犯した過ちであったことを指摘しておきたい。

そうした歴史のなかで、療養所で患者の人権を守り、黙々と治療に打ち込んできた多くの医師・職員がいたことは、貴重な記録[3]というべきだろう。

神山復生病院は、それに道を拓いた施設であり、その先駆者のひとりとして、岩下壮一の名前を挙げることができる。

第2節　哲学を求める

一九三〇（昭和五）年に岩下壮一は神山復生病院の院長となり、死に至る十年の間、ハンセン病患者のために力を尽くし、身を捧げた。

岩下壮一は、東京大学でケーベルに師事し、第一高等学校・東京大学時代からのちに哲学者や法哲学者として有名になる九鬼周造、天野貞祐、田中耕太郎などを友人とした。最優秀の成績で卒業し、将来、東京大学教授になることを期待されていた哲学者だった。

ヨーロッパ留学中、カトリック司祭となり、帰国後、神山復生病院の院長を引き受け、関係者を驚かせた。研究生活を犠牲にして困難な病院経営にあたり、哲学者かつ神父であったが、医療面でも病院の近代化を進め、改善を図った。

若い患者の学習を指導し、グラウンドを整備して一緒に野球を楽しみ、療養所の生活を心豊かにする努力をしたが、「右の手のしたことを左の手に知らせ」ようとしなかった。

戦時下、患者のひとり（歌人・坂田泡光）が防火訓練のとき、「御聖体を焼かないように運び出すのでしょうね」とたずねると、言下に岩下院長は答えた。「御聖体は痛くもかゆくもない。大事なのは、あなたの身体です。無事に逃げる練習をしなさい」。その患者は「人さまから忌み嫌われ腐った身体の私に、大事なのはあなたの身体だとおっしゃってくださった」と、昔の思い出に泣く。神に仕える神父だからこそ言える言葉ではなかろうか。

ある夜、闇につつまれた富士山ろくの静けさのなかで、岩下は、赤く燃える石炭の火をじっと見入りながら思索にふけり、「何ともいえぬ満足を感じ」ていた。

「しかしそのとき、厳粛な現実が私の部屋の扉のそとに迫っていた。けたたましくドアをノックする者がある。〈○○さんが臨終だそうです！〉」。

重態だ。死にゆく患者を前にして、「人間の言葉がこの苦しみに対して何の力もないのを感ずるのは、慰める者にとってつらいことだった」。

暗い夜のなかを自分の部屋へと引き返し、ストーブの前に座って沈思黙考、夜のふけるのを知らなかった。

「私はその晩、プラトンもアリストテレスもカントもヘーゲルも、みなストーブのなかに叩きこんで焼いてしまいたかった。原罪なくしてらい病が説明できるか」「生きた哲学は、現実を理解しうるものでなくてはならぬと哲学はいう。それならば、すべてのイズムは、顕微鏡裡の一らい菌の前にことごとく瓦《が》解するのである。その無限小のうちに、一切の人間のプライドを打破してあまりあるものが潜んでいるのだ(4)」。

「四十才をすぎる迄学校と書籍の中にばかり生活した余にとっては、観念の世界から急転直下眼前の人生の最悲惨なる一面を日夜凝視すべく迫られたことは正に一大事である。現に今余が筆を執りつつある一室の階下には、『生命の初夜』を以て一躍文壇に認められた北条民雄氏のいわゆる『人間ではない、生命の塊り』が床を並べて横たわっている。しとしとと降る雨の音のたえ間に、余は彼等の呻吟をさえ聴取することができる。ここにきた最初の数年間は、〈哲学することが何の役に立とう〉と反復自問自答せざるをえなかった。しかし、余はこの呻吟こそは最も深き哲学を要求する叫びたるをしるに至った(5)」。

岩下の名著『信仰の遺産』『中世哲学思想史研究(6)』は、呻きを聴きながらハンセン病患者との対話のうちに思索された哲学である。他面、それが「現実社会と縁の遠くなった哲学」に対して、「自己の所信の是非を実験しうる機会」を与えられていることに感謝しているが、福祉施設の現業の場で患者の呻きを心の耳で、いや魂の根底で聴きながら書かれた哲学であることに、この二冊の本の大きな価値が認められる。

ちなみに、岩下は、自分の無力感に苦しんだ同じ部屋で、神の恵みに満たされて一九四〇年に五十一年の生涯を閉じている。それは、飾り物ひとつなく、十字架のみが壁にかけられ、机とベッドがあるのみの簡素な部屋であった。

第3節　福祉の哲学

福祉の哲学は、机上の理屈や観念ではなく、ニードに直面する人の苦しみを共有し、悩みを分かち合いながら、その人びとのもつ「呻き」への応答として深い思索を生み出す努力であるところに、特徴があるのではなかろうか。

それによってニードを、そしてそれへの対応を社会的共有へと拡げることこそ、福祉の哲学が抱く祈りにほかならない。ニードの社会的解決の国民的認識とシステム化を導き、それを支える思想であるところに、福祉の哲学の個性があるといわなければならない。

そこで、「彼らにたいして、また、彼らのために何をしてやったかということが問われるのではなく、彼らとともにどういう生きかたをしたかが問われてくるような世界である」(7)。

哲学という言葉は、「知恵の探求」という意味であるが、世界と人生についての全体的かつ主体的な知識を指している。哲学は、答えそのものによってよりも、むしろ問いによって性格づけられる。哲学は学問の一分野であるが、「学問」が「問いを学ぶ」「問われて学ぶ」という字で構成されているのは興味深い。

福祉の哲学とは、福祉とは何か、福祉は何を目的とするか、さらに人間の生きる意味は何か、その生の営みにとって福祉の果たすべき役割は何かを、根源的かつ総体的に理解することであるが、それには、福祉が投げかける問いを学び、考えることである。それは、ニードの発する問いかけに耳を傾けることから始まる。岩下壮一は、この「問い」を「呻吟」といったのだろう。

ところが、ニードからの問いかけを受けとめるのは容易ではない。

「不幸は沈黙している」とシモーヌ・ヴェイユは言ったが、ニードは沈黙し、表に現れないことが多く、潜在している。福祉のクライエントには、自分の苦しみ、悩みを訴える能力がない人が多い。主訴をどうやって見分け聴き取るのか。そのために、医療ではしばしば検査や医療器具が使われる。しかし、日々のクライエントとのふれあいのなかで、喜怒哀楽を読み取ることが求められるのが福祉の仕事であろう。

このニードのもつ「呻き」を言葉にならぬ言葉から、表出されない行為から、そして四囲の環境からも聴くには、冷静な態度、鋭い感受性、深い洞察力、そして豊富な知識と技術が必要となる。ここに、福祉に専門性が求められる理由がある。

しかも、動的な現業の実践のなかで、静かに傾聴しつつ「呻き」を聞き取らなければならないから、困難を覚える。専門職としての技術・経験・知識の研鑽の裏打ちが必要であるが、同時にそれは、心の問題でスピリチュアルな課題でもある。

「呻き」を、全体的＝全人格的に受けとめ、いかに主体的な自己の存在をあげて対応するかが問われるので、知識や技術をどう活用し生かすかの「態度」と「精神」の問題となる。

呻きは、局部の痛みというより魂の痛みだからである。この主体的態度の確立をアイデンティティと呼ぶ。

ハンセン病の父と呼ばれ大きな貢献をした光田健輔は、厳しい批判にさらされているが、療養所・長島愛生園の園長をしていたとき、患者を迎えるたびに目に涙をいっぱいためていたという。これが、医学者光田健輔のハンセン病患者に対するアイデンティティであり、患者への一体感の表現であったといえよう。

何年も同じ業務を繰り返しているとマンネリズムに陥る。みずみずしい情緒や研ぎ澄まされた感性が枯れて鈍くなっていくので、仕事に対する新鮮な感覚と注ぎこむ情熱を失いやすくなる。

光田園長が、毎回、船着場で療養所に入ったら二度と島から出ることのできない患者の身を思い、涙したのではないか。なんと豊かな感受性の持ち主であったことか。それが、光田のアイデンティティをつくりあげていったに違いない。

仏教でいう「慈悲」の悲とは、サンスクリットの原語で「呻き声」だときく。他人が苦しくて洩らす呻き声に、自分の胸も痛んで呻く苦しみの共有、悲しさの同感をいうのだろう。

主体的にニードの呻きを聴き、それを全体的に理解し、それのもつ意味を考えることが、福祉の哲学ということになろうか。

ニードは時代とともに移り、それを解決する政策・施策・制度・理念も変化する。その意味では、今は政策も制度も大きく変わる激動の時代といってよい。

それだけに、福祉に働く私たちに、変化に対する柔軟な対応が不可欠であるのは当然であるが、それとともに、時代の変化と社会の推移を越えて変わることのない一貫した理念が福祉にあることも銘記しておきたい。

変化に対するしなやかな態度と、変化のなかにも動くことのないしたたかな思想とを併せもたねばならないところに、私たちの職業的で専門的な課題がある。「不易流行」と松尾芭蕉は表現したが、変わりゆく社会の流れのなかで、変わることのない思想・信念・哲学を土台に据えることが求められている。

ヒポクラテスは、医師は専門的な知識をもつだけでなく、患者の一人ひとりの環境と、またその病気によって負わされる社会的な問題についても、静かに考えをめぐらし、深い関心を払わなければならない、と言っている。

呻きに対する誠実な答えが、岩下壮一の場合には、高い学問的評価を受けた著作に結びついた。それが岩下の哲学者としての主体的態度だった。

私たちに、そのようなすぐれた応答はできないかもしれないが、認知症の高齢者、不登校の子ども、重度の障害児の心の奥深いところに、自分の言葉で気持ちを表すことのできない隠されているものが「呻き」になるとしたら、その呻きに鈍感であってはならないと思う。

それぞれの職場にあって、介護される人の有形無形の問いかけがあろう。問題提起に対して、何らかの答えを出す――それが文章であるか、胸のなかで考えをまとめることであるか、あるいは行動として表現するかは別として――ことが期待されている。それによって一人ひとりの態度が確かなものとされるとすれば、それが私たちにとっての福祉の哲学にほかならない。

第4節　絶望の淵から

私では力になれない、助けられぬ、いや私の貴重な人生をこの人のために捧げ用いる理由は何だろうかと疑い迷う場面に、現業で働く者は幾度か遭遇しているのではないだろうか。このように悩むのは自分だけという思いから自信を失い、絶望感に陥ることがある。

これに対する答えは簡単で、無感動になることによって、この疑問を避けることができる。それがマンネリ化である。

しかし、そう単純に割り切れないところに、働く者の真面目な悩みがある。

岩下壮一の場合はどうだったのか。


長い司祭の服をまとい足をひきずりながら（神父は、片足が不自由であった）癩者たちと嬉々として野球をしていた岩下神父は、部屋に入ってこられ、いろいろ雑談に花をさかせた。このように重症の癩患者の多いなかでの仕事に生涯を捧げるというのは、よほど悟りすました方か世捨人のような心境でないとむずかしいように感じられる。えらいものだ。そう思って、何気なくそんな感想を洩らした。

すると岩下神父が「そんなんじゃないですよ」と、それをうち消しながら言われた。「私もあたりまえの人間で、いつもハッとしたりホッとしたりしながら生きてるんですよ。このあいだもこんなことがありました。トイレへ用たしにいったんです。すると、もものところに大きな班点が出ている。ハッとして、いよいよおいでなすった（感染した）と思って心安からぬ思いでした。ところが用をすまして立ち上がるとその班点は消えました。気がついてみると、便所の窓ごしに太陽の光が木の葉をすかしてさしこみ、それがももにあたっていたわけです。それがまるであの班点のようにうつっていたのですね。思わずホッとしたんです。

人間ですから、いつもそんな気持でくらしているんですよ」。その淡々とした句調としぐさがとてもいい。「この人こそほんものだ」という深い感銘をうけた、というのです。(8)

これは、家庭裁判所の名判事とうたわれた森田宗一氏が、友人のエピソードとして記した文章から引用させていただいた。

聖人君子の神父、世俗を越えた哲学者、使命に生きる実践家というより、日々の生活のなかで感情が揺れ動く一人の人間としての岩下神父の側面を知って、まさに「ホッ」とさせられる。あるがままの一人の人間として患者と接していた姿が思い浮かぶ。

しかし、その岩下がすぐれた思索家であり、たくましい実践者として非凡なのは、彼の生涯を貫く生き方、それを支えたフィロソフィーにあったと思わずにいられない。

岩下は、自分の非力を嘆き、なにもなし得ないわが身の弱さを自覚し、哲学の先達の書物をストーブに投げ込んで焼いてしまいたい衝動にかられる。にもかかわらず、厳しい現実から決して逃げ出そうとしない。苦悩を苦悩として真摯に受けとめようとする。絶望的な状況のなかに、なお、明るい光を見出していることは注目に値する。

私は初めて赤く染色されたライ菌を鏡底に発見したときの歓喜と、これに対する不思議な親愛の情とを思い起す。その無限小のうちに、一切の人間のプライドを打破してあまりあるものが潜んでいるのだ。私のこの一バイ菌の故に、心からひざまずいて「罪を許し、肉身の復活、終りなき生命を信じ奉る」と唱えうることを天主に感謝する。

ライ病院の門には、ダンテが、地獄の入口に記されてあるといった言葉「ここに入るものはすべての望みを捨てよ」を掲げるのがふさわしいと（前任レゼー院長は）申されたが、しかし、それは浮世に通ずる門についてである。

もう一つ、永遠の生命に入る門がある。それに対して復生病院は玄関である。(9)

あらゆる希望を捨てなければならない冷厳な現実に直面して、岩下は自分の無力に打ちひしがれた。何もすることができないとは、なんと辛いことか。でも、岩下は、そこで立ち止まったり、引き返したりはしない。弱さを「罪」ととらえ、信仰において罪を赦され、神を讃美し、弱さを他者と連帯する強さへと変えられたのである。ここに、神父・岩下壮一の誠実な姿をみることができる。

それは、信仰の有無の問題ではない。福祉に対する人生態度、すなわち、生き方が問われることになる。それが哲学というものである。

第5節　希望に向けて

障害児施設に真面目に勤務してきた若い指導員が「重度の子どもたちの力になりたいと十年努力してきたが、今になって、なぜ私が、障害児の世話をしなければいけないのかが分からなくなった。辞めたい」と告白した。

福祉の世界に身を置く者は、多かれ少なかれ同じ疑問に直面するものだ。この問いかけに対して、誰も明確には答えられないだろう。自問し、自答しなければいけない。

ここに自分ひとりの問題があるが、同時にそれは、社会が悩むべき深遠な課題でもある。

ここに福祉の哲学の意義を見出す。絶望と思われる状況に置かれても、希望に生き、それを捨てない哲学を自らのものとし、希望に生かされて歩むことができるかが、一人ひとりの人生の宿題であろう。その希望を語り続けるのが、福祉哲学の本質であると言いたい。

「衆生病むがゆえに我病む」（維摩経）、共感をもって「随所作主」（道元）——与えられたところで全力を尽くす——が、福祉に働く者の職業倫理といえるが、さらに「苦難は忍耐を、忍耐は練達を、練達は希望を生む」（聖書）の言葉に励まされる。

「望」は、人が立って満月を仰ぎ見るという象形文字である。何もできなくても、悲しみを分かち合うのが福祉で働く者の必須の条件であるが、そこに一筋の明るい光を見出すことが「望」だろう。

岩下が絶望感を乗り越えて希望に生きたように、私たちも同じ道を歩み続けたいと、切に願う。「病いがまた一つの世界を開いてくれた桃咲く」(坂村真民)。

病いの苦痛のなかに桃が咲く世界が開かれることを信じ、希望を抱くことなくして、福祉の哲学は成立しない。それは、社会の哲学でもなければならない。

岩下壮一は、悩みつつも希望に生かされて行動し、それを語り続けることに生涯を捧げた人であった。

第6節　摂理に誘《いざな》われて

私は岩下壮一に会ったことも、話を聞いたこともない。残念ながら時代を異にしたので、私にとっては未見の人である。

しかも、岩下はカトリックの神父、私は同じキリスト教でもプロテスタント。今日では、あまり違和感がないが、岩下の時代でいえば両者には大きな隔たりがあり、岩下もプロテスタントを鋭く批判した。なのに、岩下壮一は、私が若い日から畏敬の対象とした人物で、その気持ちは現在でも変わらない。

岩下を、高邁な人格、卓越した学識、強靱な実践力、透徹した思索力の持ち主として尊敬するというより、それほど傑出した人物が、人里離れ、社会から隔絶された療養所に進んで身を置き、患者の友として生活しながら、深みをたたえた哲学を生み出したことに魅せられるからである。

それは、岩下の「使命」の産物だった。使命とは、文字通り、「命」を「使う」ことを意味する。学者として過ごしたら、もっと長い人生を楽しみ、大学教授として多くの弟子を育て、深遠な著作を世に送ったに違いないのに、あえて人びとに敬遠される地味な実践の道を選びとった岩下に、福祉に生きたひとりの人間像を見る思いがしている。

この未知の岩下が、私の生涯を決定する人との出会いの契機を与えてくれたことに、不思議を覚える。ひとつの出会いが、新しい次の出会いを導く。仏教的にいえば縁起であり因縁であろうが、キリスト教的にいえば、摂理ということになる。摂理とは、「我らは神の中に生き、動き、存在する」（使途言行録一七・二八）ので、自分を超えた神の計らいと理解する。

見えざる摂理に誘われて、今日の私の存在があると思わずにいられない。

福祉を志す動機は、正義感から、同情で、義理で、勧誘されて……など、百人百様であろう。

でも、福祉の世界に入ると、自分自身のよって立つよりどころを求めずにはいられない厳しさに直面させられる。

ときに、苦しみ、疑い、そして、悩む。それに耐え、それを克服し、そこに「使命」を見出す心情的な過程、読み、聞き、触れ、学ぶ態度、自分を納得させ方向づける理想が誰にもあるものである。それを哲学と呼んで差し支えないのではないか。

福祉の構造を貫く普遍的社会的な理念のみが福祉の哲学なのではない。

人と共に生きる場で、自分に出会うという経験から形成される哲学が大切なのだと思う。

そこで、次章でまず私自身の出会いから語ることにしよう。

第2章　出会い

第1節　邂逅《かいこう》（めぐりあい）とは

人は、日々数知れぬ他人《ひと》に会う。しかも、無数の人に。近所で、路上で、電車のなかで――。しかし、一歩すれ違えば、その人びとを何の記憶にも留めない。まさに、大衆社会における孤独な群集の一瞬の接触にすぎない。

空間的なふれあいの連続のなかに、時間を無為に過ごし、かつ、また人に会う。だから、邂逅とも呼ぶべき出会いにめぐり会う機会は滅多にない。

とはいえ、誰しも心の内に、余韻のひびきをなつかしむ失恋の相手との出会いがあったかもしれない。この場合、美しい思い出として秘められていても、それによって自分が変えられ、形造られる肯定的な出会いとはならないようだ。

邂逅とは、自己の存在の根源をゆすぶられるようなめぐりあいと言ってよいだろうか。邂逅のすばらしさがあるからこそ、別離のさびしさと孤独を味わい、それに耐えられるのではあるまいか。

私自身、幸いに、数は多くないが清冽にして気高い人との強烈な邂逅の経験に恵まれた。なかには、書物のなかだけなのに、生の深みで、いまなお私を支え豊かにしている個性的な出会いをもっていることに、感謝せずにはいられない。

真実な出会いは、心のなかに対話（ダイアローグとは、真理を分かち合うの意）を育てる。すなわち出会いは、長い間に、尊敬というより畏敬の想いを温め、あふれるばかりの喜びへと導いてくれる。だからこそ、邂逅と呼ぶにふさわしい感動を伴うのだろう。

それにしても、せっかく日々他人《ひと》に会いながら、すげないまでに忘れ去ってしまう人があるかと思えば、ときには、ある人とは人格的に交わり充実感を抱かされるとは、どういうことなのだろう。

人と人がめぐりあう――。人生とは、なんと不思議なものか。

私は、幸いに魂をゆさぶられる出会いを体験している。私的なことであるが、三人の人物と出会った意味を次に語らせていただこう。

第2節　ひとりの存在

太平洋戦争後のある夏のこと。静岡県御殿場でのアルバイトを終えての帰途、近くの神山復生病院（ハンセン病療養所）の訪問を、ふと思い立った。それは、ハンセン病に悩む人を慰めようという殊勝な心がけからではない。

当時、不治といわれたハンセン病療養所はもちろんのこと、私はそれまでひとつとして社会福祉施設を訪れたことさえなかった。ハンセン病患者のために尽くした岩下壮一院長が命を終えた場所を見たい、もしも岩下神父の遺品でもあれば、と思いついたからにすぎない。学生時代に、著書を通じて岩下神父の思想的影響を受けていたからである。

清冽な川の流れ、緑におおわれた土地とは対照的な、荒廃した建物、今では全治するのに、そのころはこの世の悲惨を身に帯びた患者の吐き気を催す臭気に、私は言葉に尽くせない衝撃を受けた。聖書に現れる患者の悲哀と苦悩の世界が、そのまま眼前に生々しく展開されているではないか。逃げ出したい衝動を辛うじて抑えながら、こぢんまりした治療室へと導かれた。

小さなテーブルをはさんで、一人の看護師と一人の患者とが向かい合っていすに座り、患者が左腕を差し出して包帯交換をしてもらっているところであった。看護師も患者も私を見て、ていねいに目礼された。患者の耳も鼻も崩れているのに一瞬胸をつかれながら、私も黙って頭を下げてこれに応える。言葉で挨拶するのが躊躇されるほど、不思議と温かい静寂がその場を包んでいた。二人がハミングで唱う聖歌の妙なる音が天使の声のように聴かれたのを除けば、患者の穏やかな澄んだ眼差しと微笑みが印象的であった。

看護師に目を転じたとき、はっとさせられた。美しい――柔和な優しい顔の輝きと、きびきびとひきしまった動作との美しい調和――しばらく息を呑む思いであった。そのとき、突如として聖書の一句がひらめいた。

「はっきり言っておく。わたしの兄弟であるこの最も小さい者の一人にしたのは、わたしにしてくれたことなのである」（マタイによる福音書二十五・四十）。

何気なく読み過ごしてきた聖書のこの一節、特に「一、人」という言葉が、ずっしりとした重みをもって、しかもまったく新しい意味をもって、心の奥底にしみとおった。

軍隊から復員して大学に入り、私は経済学を専攻した。戦後の一時期、社会科学を学ぶ学生に、混乱した社会、貧しい国民生活が解決を求めて厳しくのしかかっていた。私自身、社会の変革は社会を「集団」として把握する以外にはないと、いつの間にか思い込んでいた。ひとりの人間の価値がどんなに小さいかを、戦争体験を通して痛感させられたあとだけに、社会の変革なくして人間の幸福はないと考えていた。

このようなときだけに、神山復生園での看護師との出会いは、目からうろこのようなものが落ちる内的体験であった。しかし、そのとき私の内に何が起こったかを明確に認識できたわけではない。今になってこの経験をたどるとすれば、次のように説明できるであろう。

パウロは、イエス・キリストを頭《かしら》とする信者の群れを、「わたしたちも数は多いが、キリストに結ばれて一つの体を形づくっており、各自は互いに部分なのです」（ローマの信徒への手紙、十二章）、「各部分が互いに配慮し合っています」（コリントの信徒への手紙一、十二章）と述べている。

中世には、一人ひとりの活動はそれぞれの職分に分かれても、社会は道徳的意志的統一体で、一つの体だという考え方があった。連帯とは、一つの体のなかで互いにいたわり合うことである。

人間は一人、二人と数えられる個別的存在であるが、同時に何ものをもっても代えることのできない人格存在なのだ。人間は「神の像《かたち》」（ペルソナ）だから、一人の人間が全体のためになくてはならない存在で、一人を失うと全体が傷つくほどの尊厳をもつ。一人が全体のために生きるのではなく、一人そのものが全体であって、一人のなかに全体が含まれている。人間は人格体である限り、目的的存在で、いかなる場合にも手段化されてはならない。「人間の生命は地球より重い」のだから。

私たちはしばしば、人格そのものより人間の属性のほうを強調し、「権利」を主張する。人間が存在の原理を「自己」の内に求める限り、「人間は人間に対して狼」という動物的な競争と闘いの原則から脱け出せない。

弱肉強食の集団では、「いと小さい者」は、滅び去る運命に置かれる。多数の原則に立つ民主主義は、「最も小さい者の一人」――「一人」の奥深くに限りなく残されている価値と可能性を認めることこそ、課題なのではないか。

「一人」の人格を重んじなければ、真の「集団」は形成されない。共同社会《コミュニティ》とは、人格が支え合い、重荷を共に分かち合うことである。一人の幸せが確保されることなくして、社会の幸福は成り立たない。

一人の無名の看護師が私にもたらした感動は、まさに一種のインスピレーションであった。それは、実業界から社会福祉へと、志望転回を決意させる踏み台の役割を果たすことになった。

「最も小さい者の一人」への愛は、受け入れ難いものを愛することである。しかし、「あなたの隣人を愛しなさい」の戒めを守ろうとしても、そこで見出すのは、隣人を愛することができない自分自身の弱さと醜さに違いない。愛とは、一方から他方への働きかけなのではない。愛とは、他者への働きかけを通して、自己の実存が他者によって支えられ、自己と他者が共に生きる「交わり」を指すのではないか。

内から湧き起こる深い歓びと希望に包まれた看護師の顔の美しさと、いきいきと躍動している愛の業《わざ》との見事なコントラストが、私の存在をゆすぶった。

私も、この看護師のように生きたい――。

未知の看護師が、それから八年後、井深八重さんであったと知った。四十一年後に九十二歳で天に召された井深さんは、七十年の間、ハンセン病の人びとと生死を共にした人だ。

井深さんを失い、私の内に井深さんのように生きたいという思いは一層深くなっていく。井深さんとの出会いが、私が社会福祉の世界で働くべく方向づけたので、忘れることのできない思い出だ。

「お世話になりました。神様の待っておられるよいところに行きます。喜んで……」と言い遺して、一九八九年五月十五日夕に、井深八重さんは微笑を浮かべているかのように安らかに生涯を閉じた。そして、さきに天に召された患者とともに病院の墓地に葬られた。

五月十五日は、神山復生病院百周年の前日にあたる。その日を楽しみにしていた井深さんが式典に出席できるよう、入院先の医師団は最善の努力を傾けた。しかし、数日前に発作を起こし、「百周年には復生病院に帰れません、さようなら」と関係者に述べている。

主治医は、百周年まで命を延ばすことが「神のおぼしめしなのか、井深さんの意志だろうか」苦悩したという。最後まで生命倫理の問題を提起したのである。百周年に出席できなかったため、かえって式典参加者が遺体に親しく別れを告げることができた。神様のお計らいであろう。

若き日に、井深さんは数奇な運命に見舞われた。長崎の女学校で教えているとき、ハンセン病として神山復生病院に送られた。本人は、そのときはじめて患者であることを知らされ、衝撃を受け、ただひとり置き去られたあと、数日泣き明かした。「一生の間に流す涙を一週間で出しましたから、もう泣く涙を持っていません」と井深さんは言う。

突然いなくなった教師を慕う教え子からの手紙が、束になって回送されてくる。でも、返事をしたためることができない——。社会と家族からまったく隔離された、うら若い女性の悲しみの深さをうかがい知ることができようか。入所した日から、名前も仮名に変わっていたのである。

療養生活の一年が過ぎ、病気に疑いをもった院長のレゼー神父の勧めで東京で診断を仰いだところ、ハンセン病でないことが判明した。家に帰るように勧められたとき、井深さんが思いをはせたのは、悲惨な患者を見捨てるに忍びず「同僚の皆さんと交際できなくなる日が来るかもしれませんが、最後の恩典として、私の愛するライ患者と生死を共にするご許可をひたすらお願い申し上げます」と、百年前に病院開設を司教に嘆願したテストウィド神父のことだった。

「もし許されるのならば、ここにとどまって働きたい」と申し出て、井深さんは看護師となり、文字通り病者と生死を共にして七十年——。

不治の病に侵され、家族に去られ、地域から忌み嫌われれば、世をはかなみ人をうらむのが常であろう。それなのに、レゼー、岩下壮一両神父の影響もあろうが、ナイティンゲール賞、朝日福祉賞、母校から名誉博士号を受けるなど、高く評価される人物へと高められたことに注目したい。米国の『タイム』誌は、マザー・テレサに続く「日本の天使」と紹介した。

私は、一九四八年に、井深さんの優しく気高い看護の姿に心打たれて福祉の道を選んで以来、敬慕の念を抱き続けてきた。誰しも井深さんの清冽な人格に出会えば魅せられたに違いない。

出会ってから三十五年後、私は井深さんとテレビの前で向き合っていた。

すでに看護師長の現役を引き、ミサでオルガンを奏し、院内でボランティア活動をしていたが、足が不自由なので病院の一隅で対談は収録された。

一時間番組の半ば近く、ディレクターが「ご本人の話を引き出してください」と記した紙を掲げて、私に指示した。話を巧みに誘導してると思っているので、内心ムカッとした私はそれを無視した。数分後、再びディレクターが同じ紙を両手で掲げる。見ると、「ご本人」の三文字が赤で二重に囲まれている。ハッと私も気づいた。立派な歴代院長を偲び、痛みに苦しみもだえながら、しかし感動的で美しく生を閉じる患者の姿を語る井深さんが、本人の喜怒哀楽を口にしていないことに。

質問を切り換えると、淡々とご自分の感情を明かしてくれ、ほっとする。

この番組が放映されたのは、一九八三年十二月二十五日、クリスマスの日曜日の朝。心満たされた思いを忘れることができない。

井深さんは、人の徳を讃《たた》えて、自らを語らぬ人だった。受けた多くの栄誉や自分の功績を誇ったことがない。この人が口にするのは、人の徳を讃える言葉のみである。厳しく自己を抑制しながら、患者も訪問客も分けへだてなく、いつもニコニコと温かく包み込み、美しく上品な言葉で接した。人に優しく自分に厳しいアスケシス（自己抑制）が井深さんの人生を豊かにした。

修道院（モナステリー）によって支えられている神山復生病院で、井深さんは、「ひとり」（モナ）でいる孤高さと、患者・職員と営む共同生活のうちに豊かな人生を築いた。すなわち、自立的、かつ連帯的に生涯を過ごし、現役を退いても患者と一緒にミサへの参加を欠かさず、オルガンを奏し、喜びをもって美しく老い、毅然として自らの姿勢を決して崩さなかった見事な女性像を、井深さんの内にみることができたのは、私にとって祝福であったと思う。(1)

第3節　書物での出会い

第二は、アーノルド・トインビーとの出会いである。

短期の軍隊生活から戻り、戦後の激しい価値転換のなかで胸底にすきま風が吹き、うつろな日々を送っていたとき、たまたま『聖トマス経済学』なる重厚な研究書を手にした。内容的には理解できないまま、求める師はこの著者なりと感じて、大学に進学した。

それからの十年間、著者である上田辰之助教授に畏敬と熱愛の思いで師事し、私の願いは満たされた。ユーモアと皮肉を交えた鋭い批判で、弟子を打ちのめすのを常とした碩《せき》学である。自己に厳しく、心温かい思想家でもあった。人間的に多くを学びとるとともに、私の思想形成に及ぼした影響は圧倒的で、図り知れない。

一九五六年に死去した恩師に対し、門下生が集って命日に墓参し記念する会を一年も欠かさず今日に至っている。それほど追慕の念は深い。だが、その弟子たちも一番若い人が七十代後半になっているので、三十年の永代供養をしたところだ。

歴史家として著名なトインビーの叔父であるアーノルド・トインビーの『英国産業革命史論』(2)を教授に勧められる。

『英国産業革命史論』に収録された学友ミルナー卿の追憶を、辞書を片手に幾日もかかって読み進むうち、私の心はトインビーにとらわれていった。ひたむきに、学問と社会理想に生きた英才の清廉な人格、実践性に満ちた思想、直情的な行動が魂をゆさぶり、ごく素直に私をセツルメント（地域福祉施設のひとつ）に導いた。現在の施設に赴任を決心したのは三十一歳のときで、偶然の一致というべきかもしれないが、トインビーが倒れた年齢に達したとき、私の胸奥にひそかに期するものがあった。そして、この年に上田教授は死去している。

若くして生命を閉じたと同じ年齢で、私は大学教員から転じて、彼の思想を継承すべく地域福祉の実践に踏み出す決意を固めたことになる。片山潜、金井延、河上肇、安倍磯雄、河合栄治郎、田川大吉郎、そして社会事業を志す日本の青年たちの思想形成に及ぼしたトインビーの影響は、決して小さくない。

トインビーは一八五二年に生まれ、十四歳で父を失ったあと、正規の教育を受けず孤独で屈折した青春を過ごし、オックスフォードのベリオル大学に進む。B・ジョエット学長を敬愛してやまず、学長も彼に大学の将来を託す希望を抱いた。トーマス・ヒル・グリーンに出会い、ジョン・ラスキンに学ぶ。教授・学生との親交、美しい自然、優れた知的環境を心ゆくまで享受し、満ち足りた大学生活を送った。卒業と同時に、異例の人事として講師に任命され、経済学の研究、セツルメントや労働教育の活動、教会改革運動に打ち込み、求道の旅を歩む。

トインビーは、「産業革命」の用語と概念を確立した。経済史の分野で遺した業績が大きな波紋を巻き起したとはいえ、若くして活動の幕を下ろした研究者にどれだけの学問的貢献を期待できたというのであろうか。

学問的労作よりも、トインビーの人格的思想的影響を継承しているのが死後一年半後、ロンドンのスラムに建てられたトインビー・ホールにはじまるセツルメント運動である。これが、世界最初のセツルメント（地域福祉施設）である。

一八八四年から約五十年間のトインビー・ホールの活動はめざましい。戦時中の爆撃を受けたうえ、戦後福祉国家が台頭するに伴ってその役割を見失ったかにみえたが、数年前から再び息を吹き返し、活発な活動を展開しはじめた。

復興の契機を与えたのが、戦後イギリスで福祉国家が登場するときの中心人物であるアトリー（首相）とベヴァリジ（社会保障を立案）である。二人ともかつてのセツラー（住込みボランティア）であり、トインビーの影響を受けているのは興味深い。

トインビー・ホールに代表されるイギリスのセツルメント運動は、昔日の位置を失ったとはいうものの、教育問題に取り組みつつ新しい道を模索している。そこには明らかに、トインビーが使命感を抱いた労働者教育の伝統が脈々と流れているといえよう。経済史における影響は別として、社会福祉の理論と実践の場にある少なからぬ人びとの心情に、いわば心の故郷として、いまなおトインビーのイメージが宿されていることは疑いもない。

スラムに現れる不正義に挑み、生活に破れた人びとの「人生への可能性を開く手段」として経済学を位置づけ、貧困を個人の責任に帰する救貧法を歴史的に問うた科学的態度と、人間の連帯と意識の変革が社会の変革に不可欠であるとするボランタリズムに、トインビーの思想的特色がある。学問的苦悩と激しい社会活動の緊張関係に破れ、一八八三年三月九日、実践のさなかで若くしてトインビーは逝った。

彼の短命は惜しまれる。しかし、未完成のまま冷酷な運命に見舞われたがゆえに、その思想と行動が語りつがれてきたのではないだろうか。「接する人びとにトインビーの精神と情熱をそそぎこむ」ために設立された「トインビー・ホール」が生き続ける限り、トインビーが忘れられることはないだろう、切にそう願う。

トインビーのイメージを追い、ロンドン郊外のウィンブルドンに三年がかりで彼の墓を探り当てたときの感激の一瞬は、いまも私のなかに生き生きと躍動する。

トインビーの死後百年、激動とも呼ぶべき変化を社会は経験してきた。かつて華々しい活動を展開したセツルメントも、ある意味で役割を終えた現在、セツルメント運動の意味を改めて問い、次の世代にトインビーが訴えるものが何であるかを、私の貧しい実践と乏しい思索を通して、いまひとたび静かに想いめぐらしたいと思う。(3)

第4節　心の友

「すべて真実なる生とは、まさに出会いである」(マルチン・ブーバー)。

私たちは、人生のなかで多くのふれあいを重ねる。出会いは、長い間に畏敬の念《おも》いへと導き、互いを真実にする。ラリー・トムソンは、私を真実な生へと導いてくれる心の友であった。

彼を知ったのは一九五一年で、彼は両親と一緒だった。両親は、私を横須賀に招いてくれたエベレット・トムソン夫妻。彼も私も二十歳代の学生。それは、さりげない会い方だった。米国で開かれた宣教師会議に留学生の一人として出席したとき、ラリーは快活な青年で、大きな体のスポーツマンだった。一九五九年、キャッシー夫人を伴って宣教師として来日してから、親しさを加えることになる。

両親は、大正末に牧師の宣教師として来日。東北・九州で伝道・教育に従事したが、戦争で帰国を余儀なくされた。戦時中、抑留された日系人を追いアイダホの砂漠のなか、妻と息子ラリーと共に住んで世話をするうちに、社会福祉の必要性を痛感し、大学院で専門教育を受け、戦後再び来日したときは五十歳になっていた。沖縄で救済機関ララを創始し、横須賀キリスト教社会館を開設。館長の席を私に譲ってから、明治学院大学でケースワークを講じ、学生に影響を与えた。『福祉の臨床』(4)は、教え子たちの献呈論文集だ。

ベトナム戦で、難民であふれたサイゴンに夫妻で救援に赴いたのは七十歳のときで、引き留めようと反対する私たちに対して、ひとこと「神の召しです」と日本を去った気高い姿は、私のまぶたに焼きついている。ラリー・トムソンが、この両親の後ろ姿から多くを学んだであろうことは、想像に難くない。

この両親の死に目に、トムソンは立ち会ってない。遠い地に離れていたからだ。これが宣教師の宿命、いや光栄なのである。エベレット・トムソン夫妻は四人の親の死を看取っていない。マレーシアの国際社会福祉会議に出席中に発病したトムソンの最後の数日、夫人が手厚く看護できたことを、せめてもの慰めとすべきかもしれない。

両親にとって、ひとり息子のトムソンが二代目の宣教師として来日したことが、どれほど大きな喜びであったことか。両親から優れたもの、なかでも召命感を受け継いだが、ひとつだけマイナス面が伝えられた。それが彼の命を奪った心臓疾患である。

トムソンは、両親と家族の歴史を本にまとめている。

トムソンは、大学卒業と同時に、短期宣教師として、かつて両親が戦前に働いた長崎と青森の学校で三年間奉仕したのち、シカゴ大学大学院で社会福祉を修めた。宣教師として来日し、一年あまり語学研修に励む。弘前で生まれ、アメリカン・スクールで高校生活を過ごしたので、当時から仲間のなかで日本語は群を抜いていた。

広島キリスト教社会館長として招聘され、十二年間、地域福祉の現業に身を投ずる。私にも覚えがあるが、若い未経験の館長には苦労も多かったことだろう。ひそかに、管理者には向かないとの気持ちをつのらせていた。

女性宣教師マックミランが、同和問題に関心を抱いて設立した施設で、トムソンの被差別問題への思いは次第に広がり、英文の著作（*Some are crowned with thorns*）を刊行した。単なる知識としてではなく、地域実践を踏まえ、公の席でもプライベートの場でも啓蒙的役割を果たし、福祉と並んで同和問題で熱心に活動に参加している。

招かれて上京したのが一九七四年で、全国社会福祉協議会にかかわる。

このころから私と仕事を共にするようになり、月に一、二度会うのに彼が指定する場所はスパゲティの専門店で、母親が上京するたびに愛好した店であった。親を親愛し、夫人とともに孝養を尽くす姿は美しかった。家族への愛情は豊かであった。

キャッシー夫人は、音楽の才に恵まれ、高校で英語を教えながら三人の息子を立派に育てた。トムソンの靴は三十一センチで、当時日本で見つけることができないほど大きな体をしていたが、三人の息子は父親より背が高い。長男は、米国で大学教師。三人とも日本語を自由に話す。日本福祉系大学でソーシャルワークを講ずる次男は、米国の養護施設の指導員の経験をもつ。三男は、大学院で極東の外交を研究している。

その後、日本社会事業大学でも専門家養成の役割を担い、思想の継承に努めた。日本の学生のみならず、アジアの若い専門家たちの心に、彼の高潔な人格は強く刻みつけられている。

全社協で、さらに国際社会福祉協議会日本国委員会の幹事・理事となり、ナイロビ会議を起点として、一九八二年のブライトン会議以降、国際社会福祉に深く関与するようになる。過去七年間、私も彼と協力する機会が増した。北米、ヨーロッパ、アジアの各国を十回にわたり一緒に旅をすることができたのは、懐しい思い出となった。

彼の業績は、日本社会福祉と世界の福祉とに強靱な橋を架したことであるが、彼ほどの貢献を残した人は他にいないと断じても過言ではない。『社会福祉 英和・和英用語辞典』(5)の編集はその一端にすぎない。

トムソンは、米国人でありながら、日本を代表することに矛盾を感じることなく、誰に対しても温かく、明るく誠実であった。外国の代表者も彼の立場に疑問をさしはさまぬのみか、尊敬と信頼の的となった。世界の社会福祉関係者が高く評価している。日本の社会福祉の国際化に、かつてこれほど大きな貢献をした人物をほかに知らない。国際社会福祉協議会は、特別功労賞をもって彼の貢献を顕彰した。

アジア・大平洋地域のコーディネーターとして、地域全体の福祉を高めることにすべてのエネルギーを注ぎ、その半ばで倒れた。国際社会福祉協議会アジア地域会議が開会される朝、発作に見舞われ、閉会式の時間にトムソンが天に召されたことは、行動を共にしてきた私にとって衝撃的であった。誰をもってしても彼に代わることはできない。惜しみても余りある世界的損失というほかない。米国人が日本を代表し、世界のために働き、マレーシアで逝ったことは象徴的である。トランス・ナショナルという言葉を好んだ彼が、福祉が本質的にもつ国際的性格を身をもって示したことに注目したいと思う。

トムソンは、宗教の布教に派遣された宣教師である。彼のように、宣教師が宗教に関係ない業務に精励する例は少ない。これを理解した米国の教会を評価したいが、彼自身は世俗的働きに宣教の新しい意味を見出していた。この点でも、先駆者と呼ぶにふさわしい。

ラリー＝ローレンス（トムソン）の名前は、プリンストン大学教授で、詩人ロバート・フロストの研究者であった叔父の名前に由来する。トムソンが五十九歳で召天した時間、私は、彼の叔父の著書から「よい垣根はよき友情をつくる」のフローストの言葉を引用して、アジア福祉会議の閉会挨拶をしていた。

外国人であるトムソンと私たちの間には言語、慣習、伝統、文化の垣根があったが、それは、日本と、そして世界を結ぶ友情を生み出す垣根となった。マレーシアへの機上、西部劇映画「シェーン」を二人で楽しんだ。「カムバック、シェーン」と最後に叫ぶ少年の姿が、いまの私の心に重く響いてくる。でも、トムソンは帰ってこない――。

一九七九年七月に、米国で行われた父親エベレットの葬儀で弔辞を述べた私が、息子の葬儀で再び同じことをしなければならない運命の皮肉をかこったが、神の摂理と信じるほかはない。父親の葬儀の席で、ラリーは参列者に「今日は父の祝いの日です」と挨拶した深い信仰に心打たれ、励まされたが、ラリーの葬儀で「天国に旅立ったラリーの祝い日」ですと言えない私の信仰の貧しさが恥しい。

ナチスに抵抗した神学者ボンヘッファは、「別れは出発である」と残し刑場にひかれていったが、トムソンと出会い、真実な生を支えられてきた私は、尊敬する友を失い、新しい出発を期さなければならないと、自ら言い聞かせた。

ラリーが一九八七年にジャカルタの会議で講演した一節を、彼が生涯をかけて私たちに遺した言葉として銘記したい。

Oh Lord, Your sea is so great and my boat is so small.

第5節　一期一会

若い日に体験した三つの異なった出会いは、私の魂をゆり動かし、社会福祉の世界に身を投じさせる契機となった。

ここに取り上げた井深八重は私を福祉の世界に導いた人であり、アーノルド・トインビーは著作を通して知ったにすぎないのに、私の心に深く迫り実践の場へと誘った人物であり、もう一人のラリー・トムソンは私の四十年来の親友であり、仕事のうえでの仲間であった。

私は、自分の人生のなかで数えきれぬほど多くの人に出会ってきた。

大学時代の恩師である上田辰之助。私が勤務する施設の創設者であり、ラリー・トムソンの父親であるエベレット・トムソンといった人物は、私の生涯に決定的影響を与えた。これらの人びととの出会いによって、私の人格は形成され、私の思想も行動も成長でき、今日の福祉実践があることを思う。

井深八重のように、そのときには誰であるか知らず、言葉も交わさないのに、その人のもつ存在感に私は圧倒され、そしてそれが私の人生を変えている。足繁く会い、仕事を共にしたラリー・トムソンという友人が私の人生を励ましてきた。百年前の過去の人であるにもかかわらず、トインビーはいまだに私の胸中に熱く生き続けている。

この出会いを、めぐりあいと言わずして何と呼ぶことができるか。それは、私の人生におけるなにものにも代え難き恵みであった。

ここには挙げないが、仕事を通して知った子ども、高齢者、障害者、地域住民、そして一緒に働いた職員との出会いが、私をどれだけ成長させ、豊かにしてくれたことか。

人は、毎日他人《ひと》に会う。

社会福祉の現場でも、日々出会いを経験する。高齢者と、障害者と、子どもと、ときには母子、夫子家庭とふれあう。同僚とも毎日顔を合わす。

ふれあいを、茶の湯では「一期一会」という。一生に一度だけの出会いをいうが、出会いをたんなるすれ違いに終わらせるか、価値あるめぐりあいとして育てるかが、ある意味で人生の分かれ道となる。

出会いは偶然の産物といえる。しかし、人と人が出会い、自分の存在をゆすぶられるようなめぐりあいは、真剣に求める内的努力のあるところに生ずることを知らなければならない。ときに自分で教授の門を叩き、ときにエベレット・トムソンが五年ものあいだ辛抱強く私の門を叩き続け、ときに叩きもしないのに書物を通し、ふれあいをきっかけに自分の門が開かれることがある。それには、門を叩き、叩かれる出来事を無意識であっても受け入れる心の備えがあって、はじめて「出会い」となる。努力と準備のないところに出会いは起こらない。

それは「啐啄《そったく》同時」（時を得て両者が相応ずる）といえようか。ヒナがかえるとき、親鳥が外からつっつくのと、ヒナが内からつつくのと同時に機が熟したことをいう。

井深八重が発する人格的なエネルギー——スピリチュアリティと呼ぼうか——、トインビーから読み取れた思想的実践的な力が、私の心のなかに砂漠に水が吸いこまれるかのように、インパクトが広がっていったようだ。

日々の出会いの連続と積み重ねの上に、福祉の仕事は成立する。そのことによって、相手も自分も人間的に成長し、円熟してゆくことができる。心と心のふれあいを願い、心の通じあう努力が、相互の理解を生み、信頼を育む。そして、それが実践として表現される。

福祉は人と人の間の営みであるから、お互いの信頼関係が基本となる。一人ひとりとの出会い、毎日のふれあいを大事にしたいものだと思う。

福祉の仕事を通して、ふれあう高齢者、出会う障害者によって、働く者自身が慰められ、存在そのものが支えられていると実感するのは私だけではないだろう。それが相手の生き方を励ますことになる。お互いに実存を支えあっていると自覚されることが、「共に生きる」ことの内実なのではないだろうか。ここに、福祉を職業とする者の深い喜びと光栄とがある。

出会いは、偶然の出来事にほかならないとしても、なんと個性的で摂理的なものではないか。

第3章　文明病

第1節　近代化とは

韓国の済州島の村で、数人の村人が自治会館に集まり、棺桶を縁どる美しい紙細工を作っていた。村人は行列を作って棺を担ぎ、音曲を奏でながら墓地まで野辺送りをする。お棺が埋められたあと、きれいな紙細工だけが墓地の上にしばらく飾られて残っているという。

路上で、物売り、子守りをし、自動車の窓をふきながら家族の生計を助けている「ストリート・チルドレン」の子どもたち。マニラ市だけで六万人といわれる。これが、今日のアジアの大都市の深刻な問題になっている。

スモーキー・マウンテンと呼ばれ、悪臭に満ちメタンガスがスモークしている巨大なゴミの山の周辺に、四千世帯が仮小屋に住み、子どもたちがゴミをより分け水を運んでいる姿には、ショックを受けた。

る。旧政権の政策の犠牲になった子どもたちだ。

南米・ペルーの首都リマのストリート・チルドレンは、貧しさに屈せず、したたかに生きているという。

東京には、夜どおしたむろして遊び回っているストリート・キッズがいる。文明症候群と呼べる豊かさの影というべきか。フィリピンのストリート・チルドレンとなんと大きな違いであろうか。しかも、東京のティーンエイジャーとは異なり、マニラのストリート・チルドレンは、貧しくとも暗さはなく、たくましい。しかも、自分の稼ぎで家族を助け、仲間同士で支え合っている。

インドに行く機会があった。

バローダという町から、ガタガタの道を軽四輪で往復五時間揺られてボデリ村に着く。ジャイナ教寺院を中心につくられた貧しい農村で、人びとは心から私を迎えてくれた。聖者とよばれる僧が案内してくれた寺院は、裸足《はだし》にならないと入れない。日本では、宗教は生活の一部にすぎないが、インドでは、宗教が生活のすべてになっているといえるようだ。

この村で、二十五人の障害者が、六人の職員と生活を共にしながら職業訓練を受けている。作業内容は、パーティ用のお皿とボールを作ることである。私たちが使う紙の皿ではない。「所変われば品変わる」。近くの林から拾い集めた大きな木の葉を絎《く》けて皿にし、簡単なプレス機にかけてボールを作る。資源は無尽蔵《むじんぞう》で、もちろん手作業である。一日千個を一人の目標にしている。六カ月の訓練を終えると、貯えた賃金に若干の融資を受けてプレス機を買い、自宅に帰って同じ作業を続け、自立するという。

農家の建物を借り、障害者が生活し、訓練、賃金等すべての費用は、すべて日本からの援助で賄われている。そこで、この施設訪問となった。援助をした額は二百七十万円。人件費一人分にも相当しない額だが、遠いインドの農村で、実にお金が生きているのを実感させられた。

たまたま隣の村の結婚式によばれた。そこでは四千人の人びとが大地に座り、昼食の接待を受けている。四千人は村の全人口を意味する。貧富の別なく一人残らず村民が招かれているのである。簡素ではあるが、壮観と形容したらよいだろうか。一人ひとりに木の葉の皿にご馳走がよそわれ、木の葉のボールに汁がつがれ、それを手で食べているのをみて、うれしくなる。

ボランティア村民が朝早くから炊き出しをし、配食している。村民は皆が農作物などをお祝いに持参する。日本と同じく、相互扶助の風習があるらしい。

「悲しみは分かち合えば半分になり、喜びは分かち合えば二倍になる」とは、ヨーロッパの諺だが、喜びを分かつのは簡単なことではない。「隣に蔵が建てば腹が立つ」と昔から言い、人の喜びを自分の喜びにすることはなかなかできないのに、村を挙げて結婚を祝福しているのは印象的であった。そこには、明らかにひとつのコミュニティが存在していた――。「分かち合う」ことが、競争社会でどんなに困難かを知らぬわけではない。でも、マザー・テレサは「喜びを運ぶ器になりなさい」と私たちに求める。

福祉の仕事に生きる者は、喜びを運び、分かち合う器でありたい。

日本の社会でも、昔はこうした光景をみることができた。結婚披露は二日も三日も家に村びとを招き、酒を酌み交わしながら祝いを共にしたし、死者が出ると葬列を作って野辺送りをしたものである。

それが、現在では祭場や葬儀会館、町内会館で営まれる葬式で、数秒の焼香でお別れをする。結婚式も、ホテルや結婚会館で挙げられる。そこには、親族・友人・職場の人びとが集まるが、近隣や地域の人びとが招かれてお祝いをする姿はみられなくなった。冠婚葬祭が合理的、機能的で画一的になってきた。これを、近代化というのであろうか。

一九二四（大正十三）年、ノーベル賞詩人タゴールが来日し、「日本は西洋化された。しかし、近代化されていない」と批判した。それから七十年以上たった現在の日本社会は、はたして近代化されたのだろうか。

わが国では韓国やインドにみられるような自然発生的共同体は崩壊してきた。というより戦後、伝統的共同体を封建遺制とよび、閉鎖的で前近代性のゆえに否定して、新しい近代社会の形成を目指して歩んできた。それが、戦後社会の歴史である。
今日の日本社会は、それでは近代化されたのであろうか。

第2節　目標喪失

「月が出た出た……」と、飲めや歌えや踊れやと繁栄を謳歌した時代がある。三池炭鉱の上に突き出た高い煙突が、もくもく黒い煙を吐き、お月さまもさぞや煙たかろう……と唱ったものだ。経済成長の象徴であった高い煙突の煙は、いつの間にか、公害の象徴に変わった――。時の移り変わりの早さを感じさせられる。

一九五八（昭和三十三）年、日本は初めて米国に三十台の小型乗用車を輸出した。百二十キロぐらいのスピードで走る高速道路に入る加速力がなく、すぐ故障したので、危険で評判が悪かった。日本に高速道路はいまだなく、走行した経験がなかったのだから無理もない。年とともに車に改良を加え、輸出台数を伸ばした。そして、一年に二百四十万台を米国に輸出する年が訪れた。しかも、飛ぶように売れるので貿易摩擦となり、自主規制せざるを得なくなったのである。二〇〇五（平成十七）年末、日本国内に約八千万台の車が走り回り、毎年六百万台の車を世界に輸出している。

悪評の三十台から飛ぶように売れる二百万台へと発展するのに要した時間は二十年であった。このスピードの速さを「高度」経済成長と表現したのだ。しかし、この二十年という時間は短すぎた——。短いゆえに無理を生じ、矛盾が起こってきた。この矛盾が、今日の日本社会に影を落としているといわなければならない。

経済成長によって、わが国の社会は繁栄している。貯金総額は、米国の三倍、英国の四倍、フランスの五倍に達している。東京の地価の総計は、日本の二十五倍の広さをもつ米国を買占めるほど高額だといわれた時代があった。経済成長のおかげで「金余り」という現象が起こるほど豊かになった。

しかし、豊かさの裏側で、何か失ったものもあるのではないか。

経済復興、所得倍増、高度成長とひた走ってきた結果、GNP世界第二位になり、いまや生活大国を目標としているが、本当の豊かさを獲得したのであろうか。走る先のことや走る意味を考えずに走り続けてきたのではないか。

「三つの間抜け」とささやかれた。「のびのびした空間」「ゆとりある時間」、そして「うるおいのある人間関係」という三つの「間」が抜けて「サンマがない」という。

ある町の中学校の話。昼の弁当箱に箸を持ってこない生徒が増えた。この生徒たちは弁当箱にかぶりついて食べる。先生たちは「犬喰い」と呼ぶ。

忠臣蔵の「花見の茶屋」で、大石蔵之助が茶屋遊びをし、酒に酔いしれて、市井の人が足蹴りにした食べ物を膝をついて食べる場面がある。蔵之助が仇打ちをする意志をもっていないことを表している。

私たちは、パンなくして生きることはできない。パンに代表される衣食住は、人間の基本的欲求で、これが充足されることなくして生活することはできない。しかしそのパンは、いかなるかたちでも与えられればよいというものではない。私たちが求めるのは、権利としてのパンだといえよう。権利とは、もともと自分に属するもので、手にしようと思えば手にできるものであり、上から下へと投げ与えられたパンは欲しくない。戦中、戦後、ひもじい思いをしたときでも、犬のように這い回って食べようとは誰も願わなかった。

救貧時代の昔には、上から下へパンを投げ与えてニードの充足を図ったこともあったが、現在は、「権利としての福祉」が強調され、衣食住の最低限の保障は国家の責任とされている。幸いに、パンがなくて皆が飢えるということはなくなった。

では、なぜ上から下へ投げ与えられたパンを私たちは欲しないのか。それは、動物のように食べるのは、「人間としてのこころ」を失うことを物語るからにほかならない。「こころ」は失いたくないのが、人間の強い欲求だからである。「犬喰い」が人のこころを失っていくのではないことを願わずにはいられない。手段であるべきパンが、豊かさ、飽食のゆえに、いつの間にか目的化したのではないか。ということは、生きる意味を失うことではないか。

子ども「食い飽きた！」
老人「生き飽きた！」

これは新聞に載っていた笑い話であるが、豊かになった飽食時代の笑い過ごせない深刻な事態を考えさせられる。

人生八十年の時代になり、生き飽きるほどひたすら延命に努力してきたが、人生の質的吟味を怠ってきたようである。子どもは「食い飽きた」と言う。でも、何のために食べているのかが分からない。学校給食で子どもに「いただきます」と言わすのはやめてほしい、給食費を払っているではないか、と親が学校に文句を言い投書もする。すなわち、子どもも老人も、どう生きてよいか分からずに困っているのだ。

戦後、ヨーロッパに追いつけと産業化に狂奔したが、追いついてみたら、そこから先は見えない不確実性の社会であった。すなわち、目標喪失ということになる。

一九六〇（昭和三十五）年ごろから虐待が児童相談所に持ち込まれるようになった。一九九〇年に一千百件だったのが、二〇〇七年には三万七千件を越えた。戦後の貧しい時代にはなく、高度経済成長が始まってからの現象である。校内暴力では日本中の学校を嵐が吹き荒れた。「自閉症」が指摘されるようになったのも、経済が成長期に入ってからのことだった。「不登校」が十二万七千人、「学習障害」「いじめ」と、教育界では激しい議論が展開されている。

アジアのタイには不登校の子がいないと報告されている。理由は、①進学競争がない、②のびのびと遊べる自然がある、③親がしっかり子を育てている、④地域が子を守っている、⑤仏教が生きている。

日本の小学校男児の将来希望で一番高いのは、プロのサッカー選手、二位がプロ野球選手と鍛えぬいた強さに憧れているのに比べて、フィリピン男児の希望は学校教師と聞く。社会が必要とするものを敏感に受けとめているのであろうか。

第3節　心の貧しさ

急激な社会変化に対応できない歪みが、子どもたちのなかに暴力・非行・家出・いじめとして噴出してきたのではあるまいか。それを管理社会の強化によって枠の中に閉じ込めようとするから、エネルギーのはけ口が見当たらない。

親は住宅ローン返済や教育費のために必死に働き、子どもは個室におさまり、パソコンゲームに熱中し、戦争も飢餓もなく、治安は保たれ、平和そのものである。けれど、そこには「緊張」がみられない。成長期の建設に向かう生産的緊張は、繁栄のなかで、逆に精神的弛緩を生み、子どもたちのエネルギーは内側に注がれ、いじめが起こる。

食い飽きる社会では、魂が貧困になる。生き飽きる理由は、ただ生きているからである。人間は、本来よく生きたいと望む存在なのではないか。豊かさとともに、子どもの自殺が目立つようになった。

インド、そしてアジアの途上国には、子どもの自殺はない。食べるものがないので、パンを得なければならない緊張感とみなぎるばかりの生命力に満ちているのであろう。子どもの自殺は、文明の発達した開発国の共通の問題であることに注目しておきたい。飽食のなかで、「人間のこころ」を失う精神的貧しさに、私たちは直面させられているのである。

子どもの問題は、社会の構造がもたらす問題に違いないとの認識が広まってきた。ここから「文明症候群」という言葉がつくられた。高度に発達した文明の病気が、子どもたちのなかに現れてきたということになろう。今の子どもは、忙しくて遊ぶ時間と場所がない。友達がいないので一人遊びをする。漫画、テレビ、ゲームと友達がいなくても遊ぶことができ、モノと子どもという関係が子どもの世界を占めてきた。

「ふれあい拒否」の子どもが増えているといわれる。ふれあうことによって自分自身が傷つくことを恐れるので、ふれあいを求めない症状のことらしい。そこで、今日の教育課題として、ふれあい教育が強調されるのであろう。

福祉は、人と人のふれあいを基本とする。対人、あるいは対個人のサービスが、社会福祉の中軸をなしている。ふれあいが薄れ、ふれあいに引っ込み思案になる社会だからこそ、ふれあいを根幹とする福祉のサービスが意義をもつ。

なるほど日本の文明は繁栄し、社会は豊かになった。しかし、経済活動を包みこむ倫理に欠け、障害者は偏見に、高齢者は老いの不安に悩まされ、子どもさえ文明に苦しんでいる。

伝統的共同体は崩壊しているのに、それに代わるコミュニティは形成されていない。ひとり暮らしの高齢者が「地獄にひきこまれる淋しさ」と孤独感を言葉で表現したが、相互依存的生活を支えた血縁・地縁社会が消えたのに、自立する主体的契機が見出せない。孤独を解消できる地域社会は育っていないのだ。

私たちの社会で、高齢者が「老いぼれ」と若者たちに軽蔑されている。「役に立たぬ邪魔者」のことで、社会的マイナス存在ととらえられている。調査によれば、女子高校生が抱いているイメージは、「高齢化社会＝暗い、老後＝怖い、老人＝汚い」であったと報告されている。「高齢者が廃品とされる社会」は、ある学者の言葉を借りれば、「文明の挫折である」といえる。文明を生み出し、支える文化の創造を怠った結果であるに違いない。

文明——シビリゼーションの原語であるキビタスは「都市」のことであるが、同時に「市民のつくるコミュニティ」を意味する。工業化、都市化が進み文明が高くなるほど、実は住民によるコミュニティ志向も強まらなければならない。すなわち、産業化される文明社会と、人間に基盤を置いたコミュニティの文化との緊張関係の上に、福祉を政策的に選択する国民の意志と行動によって、福祉社会は築かれていくものであろう。

「自分のパンを求めるのは物質的であるが、他人のパンを求めるのは精神的である」とは、思想家ベルヂャエフの言葉である。生存権思想にもとづき「最低生活」を公的責任として確立するのに、私たちは努力した。条件は整備され、もはやパンに苦しむことはない。ただし、それは「パイの論理」によって可能にされたのであり、「大きいことはいいことだ」の経済拡大主義を、その分け前に与るために肯定してきた。

しかし、権利としてのパンの獲得が実現したとはいえ、必ずしも他人のパンの問題を「精神的」な喜びとして受けとめるようになったわけではない。むしろ、パンの充足に満足し、他人のパンに対する配慮を忘れ、他人と自分のパンの大きさを競い合う「心の貧しさ」を実感させられている。

パンに満ちあふれた私たちは、孤独・自閉・疎外・自殺・暴力と、人間存在そのものが不安にさらされている。いわば、パン以上の問題に直面している。そうして、ようやく人間的な姿を自らの内に求めはじめた。アントローポス（＝人間）とは、「上を仰ぐもの」の語意であり、動物のように餌を求めて下を向いて歩く存在ではない。「パンなくして生きることはできない」が、同時に「パンのみで生きるのではない」という二つの真理の緊張関係のうえに、新しい福祉は成立するといえよう。

文明はどこまでも限りなく発展するだろうという進歩に対する楽観的な期待が、私たちにはある。たしかに、今日の豊かさは人間の知恵と技術の結集である科学の発達に負うところが大きい。生活の利便性に著しい貢献をしたが、同時に大量破壊兵器の保有を可能にして、平和を環境を劣化させ、人類の生存を脅していないか。

その文明は、環境、人口、貧困、地域紛争と、一国で解決し得ない人類全体の課題というグローバル化時代に入っているので、個別の文明とともに地球全体を包括する方向に進むことに人類の存亡がかかっている。しかしながら、文明は人間が創造したものであるから、いつかは衰亡することは歴史が物語っているとともに、新しい文明をつくりだす可能性を秘めているはずである。

敗戦後、私はシュワイツェルの本[1]を読んで衝撃を受けた。戦争によって街は焼野原となり読める本さえない。神田の岩波書店から発売されるザラ紙の文庫本一冊を求めて、当時の学生は書店を二重三重に囲んで行列したのを思い起こす。戦争で文化が崩壊した実態を映し出していた。ところが、シュワイツェルは言う、戦争によって文化が崩壊したのでない、文化の衰退が戦争を引き起こしたのだ、と。

文化が衰弱して文明が文明病に悩むのなら新しい文化をつくればよいのではないか。なのに、人間の文化形成力も弱まっている。なるがゆえに社会福祉は新しい文化形成に取り組むべきではないかと、ようやく主張しはじめたのが社会福祉基礎構造改革であった。

「福祉の文化の創造」を提言する。法制的、制度的な枠内で政策的に主導された「与えられた福祉」を、市民的努力による「つくる福祉」へと方向転換を要請する。なぜなら、創造とは形成だからだ。

政教分離を背景に、公私社会福祉分離がヨーロッパで長いこと論議され、公私併行論が主流を占めてきた。その流れのなかで、日本でも戦後、公私分離が規定され、事実上民間は公的支配の下で存在価値を薄めている。近来、公私協力が重視されるようになり、その上に「福祉の文化の創造」が提唱された。

公私の新しい協同関係――パートナーシップ――を築くために、民間の主体性と行政の責任体制の確立が望まれる。長いこと公私と区別してきたが、正確には官民と表現すべき用語で、基礎構造改革は、官と民の協力を包括する〈公〉の創造をよびかける。本来、公は市民総体を意味している。

福祉の根本的原理である「自立」と「連帯」の豊かな均衡のとれた社会が福祉社会の目標であるが、それを近代化と呼ばずして、何をもって近代化の指標にとらえることができるのか。それは、すぐれて文化の問題である。その意味で、社会福祉は豊かさに奢《おご》っている文明社会に対するチャレンジであり、新しい人間像、社会観を導く文化創造の営みであり、真の近代化への役割を負う積極的な一面をもつことを知るべきであろう。

第4章　老　い

第1節　老いの坂

昔、山奥の村で、老人を生けにえとして殺す風習があった。ついに、村からすべての老人が姿を消した。

集会所を建てる材木が集められた。ところが、木の天地を見分けられる人がいない。天と地を逆さまにすると、たたりがあると言い伝えられている。そこに、一人の若者が「もし老人を殺さなければ、木の天地を見分けられる人を連れてくる」と申し出た。村人は、老人を殺さないと約束した。若者は、ひそかにかくまってきた祖父を連れてきた。老人は、村人に木の天地の見分け方を教えた。

老い、それを人生の秋と呼ぼう。落日の下、淋しげにトボトボと肩をすぼめて麓《ふもと》へと降りてゆく老人の姿を思い浮かべる。

ブッダにとって、若い日に出会った「腰が曲がり、杖をつき、毛髪はなく、顔はしわだらけ、目はしょぼしょぼ、口から泡を吹きながらぶつぶつ呟《つぶや》いている人」が、初めて見た老人像だった。「若さの無知と傲慢《ごうまん》のゆえに老いを考えたことがない。しかし、自分自身未来の老いの栖《すみか》ではないか。人生の喜び楽しみが何になろう」と、生・病・老・死に苦悩し、ついに悟りをうる人生を選びとる。

私たちは、老いにまともに取り組むどころか、見て見ぬふりして傍らを通り過ぎ、厳しい現実から逃げ出そうとする。なぜか。

よく人生は、上りと下りの二つの坂道にたとえられる。私たちは常に老いという現実を避けようとしている。自分だけは歳をとらないような錯覚に陥り、高齢者を役に立たない者と考える。一年間の自殺者の統計をみると、六十歳以上が一番多く、三五％を占めている。高齢者さえも老いを避けようとしているのである。社会的定年を迎えると、あとは下り坂でその終わりは死である、というのがわれわれの通俗的な人生観であろう。しかし、人生に「上り」と「下り」という二つの坂があるのだろうか。

以前、米国の老人クラブで高齢者が楽しそうに学習会を開いている様子を傍聴したことがある。街の法律家がその日の講師で、テーマはなんと「遺言の書き方」だった。日本の老人クラブでは考えられないことである。しかも、老人クラブは「人間的成長」という名であった。死の準備さえ人格的成長の一貫としてとらえることができるのを学び、感銘を与えられた。

人生を登山にたとえれば、山に登りはじめる子どもから働き盛りの壮年に成長するが、いつの間にか定年となり頂《いただき》に達してしまう。人生五十年時代の五十五歳定年は、今や六十歳。人生八十年に伸び、定年後の十年、二十年の生き方が分からない。私たちの社会が経験したことがないからである。

見回しても、下り坂のみ。しかも麓に死が待ち受け希望がない。たそがれ道を老い、下りの人を老人と呼びならわしてきた。誰も坂を降りたくない。若者も高齢者も。高齢者の自殺は、老いへの拒否といえる。

人生の秋のイメージは、凍てつく冬を目前に、木枯らしが吹き、落ちる木の葉に身をすくめる寒々とした光景が映り、暗い。「老い」は敬称だが、字を解けば、年とって腰が曲がり、髪が白く、衰えて老いぼれとなる語意が滲み出ている。このイメージは、棄老《きろう》の思想と結びつく。姨捨山《うばすてやま》の伝説が伝えるように、高齢者の豊かな知恵と経験を、人びとは必ずしも高く評価したわけではない。ただし、そこにどうにもならぬ貧しさが背景にあったのは言うまでもない。

それでは、現代社会はどうか。

日本は保障制度が充実し、形のうえでは福祉国家になったが、何かが欠けている。私は電車に乗っていて席を譲られたことがないが、外国では建物に入るときでも必ず若者がドアを開けてくれる。他者優先の思想があり、そこから行動しているのだ。われわれの先祖もその行動を自然にとっていたが、競争の激しい社会のなかでいつの間にか忘れてしまった。

友人が孫と電車に乗ったら「おじいちゃんはあっち」と孫が指差したのは、シルバーシート。すなわち、マイナス存在の高齢者は、他人の迷惑にならないように、隅でひっそりとしていてほしいのではないか。

戦後、経済成長を支えた若年労働者を金の卵と貴重品扱いしたときに、障害児には就学さえ許さず、社会は高齢者を顧みなかった。労働能力をもたないからである。そこで、高齢者問題が生まれることになった。

体力は衰え、記憶は薄らぎ、人間関係は縮小していく。老いとは喪失感だと、私自身つくづくと実感させられている。季節でいえば、花が咲き乱れ希望に満ちた春でも、日の照り輝く明るい夏でもない。たしかに、老いは人生の秋だ――。

人生の秋は、本当に灰色なのか。

百歳になった人の誕生祝いが特養ホームであった。親しくしていただいた女性なので、私も招かれたが、肝心の御本人はよく分からなかったようである。それから二カ月後、この方は天に召された。暴力を伴う認知症に家族が困り果て、七年前に入所し老人ホームで過ごすようになったが、わずか三カ月にして暴力行為が消えたので、私はひそかに驚きを感じていた。

この方の死顔は美しく、何の苦しみも憂いも残さず、平安のうちに迎えた最後だった。百歳のことを「上寿《じょうじゅ》」というが、それはまさに「成就」であるとの感慨を深くした。

「〇〇に帰りたい」と毎日のように、ときに叫び、ときにささやいていた。〇〇とは、自分が育った懐しい生まれ故郷の地名のこと。おそらく、そこに帰れば、母親がニコニコと両手を広げて待ち受けてくれるのではあるまいか。老人ホームの窓から外に向かって、「お母さん」と大きな声で呼ぶ高齢者もいる。

人間は、生の原点を指向しながら人生の幕を閉じるのであろうか。女性の下腹部を象徴した沖縄の亀甲墓がそれを物語る。人は母の胎を出て、再び母の胎に還ることを物語る。

介護職員はくる日もくる日もこの人を乗せて汽車ごっこをし、次から次へとなじみの駅の名前を連呼しながら、最後に〇〇に到着する遊びを繰り返した。ご本人は、それで〇〇にたどり着いたごとく心満たされていた。

この人の意識の底にあるニードに見事に応えていたに違いない。豊かな人間関係を築き、高齢者の心のうちに隠されている深い思いに傾聴し、意志と願いを汲み取るのに心をくだいた結果といってよかろう。家族の協力を得ながら、介護職員、看護師、指導員が努力した高齢者とのふれあいに頭を下げざるを得ない。これこそ、ケアなのである。

このようなたゆみないケアサービスの積み重ねのうえに、百歳の高齢者の生涯が「成就」したのにほかならない。死は、それが何歳であろうとも、その人なりの人生の総決算であり成就であると考えたい。

介護は、単にお世話することではない。ひとりの人が、あくまで自立を目指しながら終わりをまっとうする援助であるのを忘れてはならない。

寝たきりのあげく、老人ホームで亡くなった高齢者が、「この次に生まれ変わるときには、世話をする人になりたい」と言い遺した。健康で能力と資格をもって人の世話ができる――なんと人間的に光栄ある職業ではないか。

「白髪は輝く冠」(旧約聖書・箴言十六、三十一)。老いは、衰えの印でなく、栄光の象徴を物語る。栄光の冠目指して、死に至るまで山を登りつめるのが人生なのである。

とはいえ、老いると体が弱くなり、しかも高い山の道は険しく、胸突き八丁を越えるのは容易でない。そこで「いまや白髪の生じきたれば、まさに学道の時なり」。最後まで学ぶ心を失ってはならないと、仏典は励ます。儒者佐藤一斉は、「少《わか》くして学べば、則ち壮にして為すあり。壮にして学べば則ち老ゆとも衰へず。老いて学べば、則ち死すとも朽ちず」と教える。

戦前の福祉は養老院という山小屋に隔離し、もう登る必要はないと保護した。新しい福祉の理念は、すべての人が山の頂へと登る人を援助することの支援と位置づける。

坂を上ることはつらい。途中で転ぶことが何度もある。お互いに助けあうことなしには成し得ないだろう。社会福祉に「ノーマライゼーション」という考えがあるが、障害をもつ人ももたない人も同じ所に住みながらふれあいによってお互いに理解し、信頼関係から行動を導き出すこと、共住から共存へが、坂を登るうえでの目標になる。

人間は生まれた瞬間から、死に向かって歩き続ける。自分で下り坂をつくってはいけない。上り坂を切り開く意志と努力に裏打ちされ、はじめて人生は完結するのである。下り坂の終着点は奈落の底をのぞくので、死は恐怖となり忌み嫌う世俗の観念に対して、死を人生の頂点にできるかが私たち一人ひとりに問われる課題にほかならない。死を人生の高みに置かない限り、ターミナル・ケアやホスピスは意義をもたない。

私の前任者トムソン宣教師の葬儀のおり、息子は「父親の祝いの日です」と会葬者に挨拶し、私を福祉に導いた井深八重さんは「喜んでください。これからいいところに行くのですから」と微笑みを浮かべ九十二歳で召された。死の彼方に光を見つめていたのだろう。だから、死が人生の頂であることを示したそのときの感動を心に深く刻み込んでいる。

成仏とは、本来、人間性を完成させるのが真意だという。

第2節　孤立と孤独

老いると、孤立と孤独の難問にぶつかる。

ひとり暮らしのおばあさんに出会って四十年近くになる。この経験から始めた給食サービスを通して、三十六年しばしばひとり暮らしの高齢者とふれあうことになる。同情と保護の対象だったひとり暮らしは、いまや私のなかで一変している。そのしたたかさに脱帽の思いである。高齢者がひとりで暮らすことは、昔はめずらしかったが、今は八百五十万人。

ひとり暮らしはいくつかの条件が伴わなければできない。健康——これには人一倍気を使う。気を使うから健康なのだろう。またある程度の経済基盤も必要だし、住居も確保されなければならない。持家のない高齢者にとっての借家・借間は難問である。家事・買出しはもちろん、一人でしなければならない——ここで男性が脱落するようである。

家族の関係は、遠からず近からずが望ましい。ヨーロッパの「スープの冷めない距離」は名言といってよい。近隣関係も適度に保つこと——ひとり暮らしに対する偏見は予想以上に強いが、近隣関係が密で、地域参加度が高いほど生活は安定し、住民に支えられている。仲間をもつこと——さらに、年老いても仲間をつくれる人はたくましい。趣味が豊かで、これを人のために役立てられる人は羨ましい。ひとり暮らしをしている人は、それぞれにふさわしい生活のリズムをもっている――リズムを巧みに生かして自分なりの人生スタイルを築ければ素晴らしい。

しかし、何よりひとり暮らしに求められるのは、人生哲学だと思う。

ひとりなので、なにごとにつけ緊張を強いられる。これがストレスになると孤独感に襲われる。健康の維持、掃除、戸締り――自分で自分を守るために緊張は避けられない。それなのに、高齢者の自殺のなかで、ひとり暮らしが非常に少ない事実にも注目すべきではなかろうか。緊張の高い生活、しかし自殺はしない。その理由は、ひとり暮らしには解放感があるからではあるまいか。

家族を失い、人びとから見捨てられて私は孤独だ、などと感じる人は、ひとり暮らしには向かない。いつ起きようが、何を食べようが、他人からとやかく言われることのないひとり暮らしを、わずらわしさから解放された喜び・ゆとりと受けとめて享受する。このような姿勢が、生活をしなやかにするのである。まるで殿様の気分です、と言う高齢者がいる。ひとり暮らしの冥利につきるというべきではないか。「緊張」と「自由」のバランスが大事なのだ。

「ひとり」の生活形態を重んじ、これを支える医療と福祉を充実させ、それに地域住民が参加して地域で老いを支えることが、寝たきり、認知症を含めた高齢者対策の出発点だと思えてならない。

ただ気になることがある。

ひとり暮らし高齢者の家にカレンダーがないのに愕然としたのは、何年前のことだったのか。出入りの業者や商店で配られるカレンダーを、もらう機会がないだけなのかもしれない。しかし、カレンダーなしの生活とは、時が静止して流れていない。ウィークデーも日曜も関係がないということになるのではないか。施設の職員やボランティアから余分なカレンダーの寄贈を受け、ひとり暮らしの高齢者に好きなものを持って帰っていただくのが、私の働く施設で毎正月の慣例になっている。

たかがカレンダーにすぎない。でもそれが象徴しているのは、高齢になって、時の流れ、社会の動きのなかに身を置くのを忘れ去っていることを物語っていると思うからだ。二十一世紀後半になると、高齢者の半分以上は、ひとりか夫婦のみになっているとの予測を想起しようではないか。

七十八歳のひとり暮らしのおばあさんが、すこし弱ってきたようである。生活保護で細々と暮らしている。老人給食に元気な姿を見せていたが、腰がだんだんと曲がり、最近は階段の昇り降りに、途中で二回ほど休んでいる。目も悪くなってきたとのこと。

民生委員を中心に近隣の主婦たちがなにくれと心を使ってくれるので、おばあさんは何の不満もなく日々を過ごしている。しかし、体の不自由さが目立ってくると、みんないささか心配になってきた。「体が急に悪くなって家の中で倒れたら」「ぼけて火を出したら」と悪いほうへ悪いほうへと想像は発展する。おばあさんの身を案じて配慮しているのだから、恵まれた近隣の社会関係だといってよいだろう。近所の人びとの立ち話の噂にもときどきのぼるようになった。

「おばあちゃん、ほんとに大丈夫かしら」「放っておいたら気の毒よねえ」。民生委員は内心、気が気でない。どうしたらよいだろうか。

ケースワーカーと打ち合わせ、民生委員は思いきって、おばあさんにそれとなく「老人ホーム」に入ることを切り出してみた。案の定、反応は思わしくない。諦めずに二度三度と訪ね、自宅にお茶に招いたりして、現在の老人ホームは昔の養老院とは違うこと、生活は保障され介護も行き届いていること、お金の心配は一切要らないことなど、一生懸命説明して老人ホームに入ることを勧めてみる。物わかりのよいおばあさんなのに、この件については心を開こうとしない。「この家で死なせてほしい」の一点ばり。研究会の席上、民生委員からこのことが語られるのを聞きながら、私はおばあさんのイメージを描きその生活歴を思い浮べ、何回か交わした会話を記憶によみがえらせる。

「老人ホームに行きたくない」のは、見知らぬ土地に移る不安、集団生活に適応できぬのではという恐れ、これ以上お上の世話になりたくない気持ちからだろうか。いや、おばあさんの拒否感には、もっと深い心情が隠されているのではないか。それは何か。心のなかでひそかに考えてみる。

「この家で主人は死に、ひとり息子も死にました」「寺に墓も建ててもらい、毎月命日にお詣りしています」「家の仏壇を毎朝拝んでいます。お先祖様の位牌がありますので」——どうしてこの家を離れることができようか。老人ホームには行きたくない。お先祖様に顔向けができない。主人の死んだ家のあるところ、そこがこの人にとっての居場所であり地域社会なのではないか。「この家で死なせてほしい」とのおばあさんの言葉は、執念というより魂の叫びとして耳を傾けるべきものなのではないか。まさに「呻き」なのに違いない。先祖から流れてきた「血」を大事に守り、「縁」を尊び、嫁としての義務を最後まで果たさねばとの悲痛な呻きである。

おばあさんの心の奥に秘められた想いを、近代社会福祉は無視してきたのではないか。自省が私の心をよぎる。福祉制度の拡充に腐心し、その枠に当てはめようと対象者をとらえてきた。困れば老人ホームへ。そのほうが、不自由で孤独な地域の生活より幸せなはずだという前提で。

制度は人間を無差別平等に取り扱う。そこには、個性豊かな生活者、特色ある地域性を考慮する余地はない。一人ひとりの人間が根づいた風土の上にこそ、新しい福祉の体系は築かれなければならない。これが日本の社会福祉が直面する課題であり、私の地域実践の反省でもある。

一人のおばあさんの精神の深みにまで入りこみ、共感し、洞察しながら客観的に対応し、地域を基盤に社会的ニーズに取り組む態度が、これからの私たちに求められているのではあるまいか。道はいよいよ遠く、そして険しい。孤立からまぬがれるには、福祉の営みに俟《ま》つほかない。そして、安心して寝たきりになれるのが福祉社会づくりといえよう。

けれど、福祉が充実しても守れないのが孤独である。役割を失い無用になると寂しく、愚痴っぽくなるのは避けられないようだ。過去や人と比べてわが身の不幸を嘆き、期待と現実のはざまで不平・不満を漏らす。老いると自己本位の思いを強めやすい。ときに、私の心のなかを深い不安がよぎる。ひとりになったら——。突然倒れたら——。寝たきりになったら——。ぼけたときには——。すなわち、社会的に孤立するのが怖いのである。社会的に孤立させぬのが社会福祉の仕事だ。

「孤独には耐えられても、社会的孤立には耐えられない」という思想がヨーロッパにある。そこで孤立から守る福祉・医療の在宅サービスの社会的システムをつくることに、ヨーロッパは力を注いできた。ところが、いかに社会福祉が充実して社会的な孤立からまぬがれたとしても、「孤独に耐える」という前提条件を必要とする。社会福祉は人間の魂の問題には介入できないのだから。孤独に耐えることが、老後の最大の人間的課題なのではあるまいか。

「夜中ふと目がさめると、骨を刺し心の凍る淋しさで、とても耐えられません」と語ったひとり暮らしの老女の衝撃的な言葉は、四十年たっても私の脳裏を離れない。一人のときには一人でいられるのが孤独に耐えることであろう。人間は「独来独去」（大無量寿経）せねばならないが、自分の置かれた状況を素直に受容し、自己の運命を愛すること、そして「人と共に住する」（一遍上人）ことが、孤独を乗り越える最善の方法であるに違いない。

第3節　星を仰ぐ

人びとが喜びを分かち合うクリスマスは、キリスト者にとって最も深い喜びに満たされる年の初めである。教会の暦は、十二月から始まる。

ドイツでは、高齢者自殺はクリスマスイブに一番多いという。陰うつな厳しい風土を考慮するとしても、一年の生活が始まる祝いのときに、貴い生涯を自らの意思で閉じなければならないとは、皮肉というより悲劇としか言い表す術を知らない。

キリストの降誕を待ちわびて、人間実存の深淵にまで手を差し伸べることのできない宗教の無力をあざわらうかのように、老いた人が生命を断つ。高齢者にとって、クリスマスとはすべての「終わり」を意味しているのか。

高齢者はさまざまな不安に直面する。経済・住居・職業・健康……。社会的孤立の保障は、すぐれて政策課題である。しかしより大きな不安は、孤独と死なのである。しかも、両者は不可分に結びついている。高齢者は、なぜ孤独なのか。単純に考えて、自らの心を閉ざして他者との交わりを拒むからであるのは自明の理である。

正月に、九千七百万の人が初詣に出かけ、商売繁盛、家内安全、安心立命、無病息災、学校合格の願をかける。自分と家族の幸せを祈るが、人の幸福を願い世界の平和を祈れる人が、どれだけいるだろうか。自分のなかに他人が存在しない。だから孤独に見舞われるのだ。

「孤独とは涯しない荒野にたった一人で立っているような寂莫」（魯迅）であるが、芭蕉は、「のどかなり　願いなき身の初詣」と詠《うた》う。欲を捨て、願いがなく枯れた境地なので、のどかなのに違いない。聖書は「隣人を自分のように愛しなさい」と求める。人と共にあれと、私たちに迫ってくる。

本章の冒頭に紹介したのはバリ島に伝わる民話であるが、それは棄老と敬老の相反する価値観が、歴史のなかで交錯して織りなされてきたことを語っている。

「白髪の人の前では起立し、長老を尊び」（旧約聖書・レビ記十九、三十二）とあるが、わが国にも、長幼の序を重んじ、経験を尊び、長老として遇する儒教の影響が及んでいた。ただしその背景に、家の相続と先祖の墓を守ることが大きくかかわっていたことを考える必要があろう。

誰かに保護される受け身でなく、人に支えられ、人と共に生き、自らの人生を終わりまで責任をもって生きる自立的な高齢者を尊ぶ。それが敬老なのである。

ある地方では、通称ポックリ寺が、毎日バスを連ねて高齢者が集まるほどの繁盛ぶりだという。「ポックリ」とは、老いてから寝たきりになりたくない、しもの世話になりたくないという願望の表れといわれる。

さて、ある老人会がポックリ寺にバスで出かけた。お詣りを終えて、三々五々バスに戻る途中で、一人の老人が倒れた。文字通りポックリ亡くなってしまった。同行の高齢者たちがなんと言ったか。「効き目が良すぎる。ポックリ死にたいが、もう少し長生きしたい。路上ではなく畳の上で死にたい」。

畳の上でポックリ死にたい――。高齢者に限らず、私たちの心にひそむ共通の願いなのではないだろうか。ＰＰＫ（＝ピンピンコロリ）を政策化した自治体もある。

以前、九五％の赤ちゃんは家庭で生まれ、お産婆さんがとりあげたのに、現在九九・七％の赤ちゃんは病院、産院で生まれている。九〇％の人が家庭で死んだのに、今は八七％以上の人が病院で死ぬ。畳の上で生まれたくてもかなわず、死にたくても死ねない現実がある。でも畳の上で死にたいのなら、なんとかその願いをかなえてあげることはできないか、という思いが、地域保健・地域福祉の思想を生み出したと言ってよいだろうか。

今や、全都道府県が地域保健計画や高齢者保健福祉計画を策定し、福祉は施設中心から地域中心へと大きく転換しようとしている。在宅福祉サービスや地域保健は、専門家のみではできない。住民が自主的にかかわれるかどうかが成否を決する。専門家とホームヘルパーや、ボランティア、パートタイマーを含む準専門家と、住民の三層構造によって、これからの地域のサービスは成立することになろう。それによって、地域の共助システムは機能するからである。

新しいサービスは、従来バラバラになっている公と私が、コミュニティにおいて共働するときに、はじめて共助システムが役割を果たすことができる。これを横に結び、情報を共有し、それぞれが役割を分担し、サービスの充実を図るところにネットワークのねらいがある。ネットワークとは、情報、連携を密にするというより問題解決へのアプローチを有用することにある。

高齢化される社会は、公的な仕組みだけに頼るわけにはいかない。共助システムをつくりだけれど、病院や公的施策のみに依存しているかたちを、地域を土俵にすえて再編成するのは容易でない。それは、地域の主人公である住民の参加がなければ実現できないからである。

予防のため健康教育に励むことは欠かせないが、なにもポックリ死ななくても、安心できる共し、地域での生活を互いに守っていく核が住民活動でなくてはいけない。

助社会にしたいものだと思う。それを支援する社会システムと、それをサポートする住民の意識が成熟してくれればと願う。

もう一つ望みたいこと。日々生活するのに人間関係の三つの類型、すなわち、「ひとり」、「ふたり」そして「みんな」を享受できる環境がほしい。ときに、ひとりで静かに思いめぐらし、読書し、景色をゆっくり眺める孤独を求め、ときに、他人と対話を交わしたり懇親したり、共同で作業もしてみたい、そしてときに、集団の仲間入りをして歌を唄ったり、学習をし、みんなと一緒に大きな声で笑う機会が欲しくなる。

この三つが、気分に応じ、あるいは誘われたりして、自分で選択しながらバランスが図れるのなら有難いという気持ちがある、決して贅沢な希望とは思わない。快適に日常生活を過ごすのに、それは誰にとっても不可欠な環境だと考えるので、老人ホームでもデイサービスセンターでも配慮してくださるとうれしい。

このような老いの人生を通して中国の躋寿《せいじゅ》（自ら高め深めつつ長寿を願う）で生涯のきわみに到達できるのではなかろうか。社会が提供する環境・条件と自立的努力が相まつことによって。

「たそがれが去るとき、空は日の光には見えざりし星で満たされる」（ロングフェロー）。星を仰ぎ、老いの孤独に耐え、自分のなかに他人の幸せを祈る心を宿らせ、人生の秋を、澄みわたった青空と紅葉の美しさで彩ることはできないものだろうか。

第5章　魂の美しさ

第1節　子どもと共に

「先生、泣かせてください！」。部屋に入ってくるなりこらえきれなくなったのか、私にひとことも口を開かせるいとまもなく、せきを切ったように部屋の隅で泣きだした。五歳の脳性小児マヒ児を背負った母親である。泣き終わった母親は、眼に涙をためたまま、「先生！　聞いてください」と、来る道すがら起こった出来事を訴えるように語るのだった。

「先生のところに相談にくるためにバスに乗り、この子を背中から降ろして隣に座らせました。次のバス停から、同じ年ごろの男の子を連れた母親が乗り込み、向かい側に席を占めたのです。もちろん、健康な子です。その子は、この子をめずらしそうに見ていましたが、間もなく足をブラブラさせて隣の奥さんの靴下を汚したり、座席の上に靴のままのぼろうとしたり、そうかと思うと、クルッと後ろを向いて窓枠をガチャガチャ動かしたり、いたずらがひどいのです。そのたびに母親は叱るのですが、権威がないのか、しつけが悪いのか、悪さを止めようとしません。乗客の非難を込めたまなざしがありますから困ったのでしょう、叱るに窮したあげく、〝そんなにおいたをすると、あんな子になりますよ！〟と、この子を指さしたのです。この子を！」

母親いわく「たいていのことは、この子のために耐えているのですが、今朝は泣かずにはいられなかったんです」。話しているうちに興奮も幾分おさまったのか、「でも、もういいんです」ときっぱりと言い切って、相談の主訴に移っていった。

母親にとって、それほど驚くような経験ではなかったかもしれない。しかし、私にはショックだった。私の胸は熱くなり、この子の力になろう、とひそかに心のなかで決意を固めた。さっそく、学齢前の脳性小児マヒ児を対象とした保育園を開設する準備にとりかかった。五十年前のことである。

子どもたちの姿を見るたびに、なぜ保育園を開く決心をさせられたのだろうかと、そのときの私の心情に思いをはせ、自分なりに動機の分析を試みたことであった。

なぜだろうか。言うまでもなく、母親と子どもが可愛想で、私ももらい泣きさせられたからであろう。しかし、センチメンタルな同情以上に、私の心に鋭く突き刺さったことがあった。それは「そんなおいたをすると、あんな子になりますよ」と、不用意に、いやおそらくは本心を正直に吐露した母親の姿を、私自身のなかに見出さざるを得なかったからにほかならない。

私の心のなかにある脳性小児マヒ児への偏見、それは拭《ぬぐ》うことのできない現実なのだ。気の毒だという感情をもつこと自体、自分を一歩高い所に置き、距離をおいて子どもをみていたといえよう。子どもたちとふれあうことによって、子どもの前で誇りうる何物ももっていないことに気づくまで、多くの時間を要した自分の不明が恥しい。

いくらかの学歴と知識と社会的地位――それがどんな価値を人間に与えるというのだろう。子どもたちの知能は停滞し、肢体に障害があるかもしれない。否、だからこそ、子どもの心は汚されていないではないか。その純粋な心を公衆の前で裏切り、踏み台にして、わが子の成長のみを図る利己的な母親はわざわいなるかな。一体、どんな夢をわが子に託しているだろうか。ところが、かくいう私も、その一人であることを悟ったときの、言いしれぬ寂しさと虚しさ――表しようがない。

清純な心――これ以上に尊い宝が人間にあるだろうか。子どもの魂の美しさにふれるとき、自分の醜さを目覚めさせられ、罪に満ちた魂を打ち砕かれる思いがする。

生まれたままの清い魂と傷のない心をもつ子どもによって、はじめて自己の実存が真実に支えられているのを学びうる人は、誠実に人生を歩もうとしている人に違いない。子どものためにではなく、子どもとともに生きることこそ福祉が目指すべきものだからだ。

三十年前のこと。横浜で全国から学校嘱託医、歯科医、薬剤師、養護教員、校長先生、その他四千人が集まり、全国学校保健研究協議大会が開かれた。そのとき掲げたテーマは「強くたくましく生きぬく児童の育成」であった。私たち大人の子どもに対する願いが、そのまま表れたような主題だ。それが戦後の経済成長を支える考え方でもあった。

残業、夜間勤務に耐えられる体力と、技術革新に対応できる知識能力をもつ子を育てよとの、産業の教育に対する強い要請でもあった。これに応えて、教育はアチーブメント・テストを全国で実施し、偏差値を設け、進学は輪切りした。平均に達しない子は「おちこぼれ」と呼ばれ、ここから新しい問題に派生した。いじめ、校内暴力、不登校、虐待、殺傷、自殺。社会の悩みであると同時に、子どもたちも苦しんでいるではないか。

「強くたくましく」、これはおそらく人類の歴史において、絶えず私たちがもち続けてきた目標であろう。強くありたい、「健全なる精神は、健全なる身体に宿る」は、日本だけでなくヨーロッパにも同じような格言がある。

健全な体と健全な心。健全な体からは健全な心ができてくる。しかし裏を返すと、不健全な体からは健全な心は生まれない、ということにならないか。「健常者」という言葉をいつのころから使いはじめた。これは、障害者に対置する言葉であるが、なぜ健常、健全な体を求め続けてきたか、これにはいくつかの歴史的な背景と理由があろう。

第一に、ギリシャのアリストテレスが「奇形児を生かしておくわけにはいかない」と書き残した。

ギリシャ時代に、真・善・美と完全なるものを求め、強い体を賛美した。これがオリンピアにつながってくる。今日、参加することに意義があると言いながら、強い体の者がほめそやされ、メダルの数を競い合う。

知的障害者のことを昔、イディオースという言葉で表したが、これは追い出すという意味をもつので、健全なる体にのみ善を認めてきた。

第二に、「働かざる者、食うべからず」の思想が社会を支配してきた。

戦後のめざましい高度経済成長は、若い労働者を多数必要としたが、工業圏では高校進学率が高まったので、中学の新卒を十分に供給することができなかった。当時、一人の中学の新卒に、求人が平均二十件あり、金の卵、月の石、ダイヤモンドと呼んで貴重品扱いをした。

このとき、障害児が取り残された。障害児は修学免除として扱われ、教育課程につくことができなかった。教育条件が整のわなかったからであろうが、その背後に子どもには生産性がないという認識があった。

「働ける」が戦後の日本経済社会が要求した人間像だ。依然として社会は「生産力は価値、力は美」というフィロソフィーに立っている。

第三に、人間の歴史は戦争の歴史として貫かれてきた。二千年の歴史のうち、三分の二は戦争が絶えなかった。種族、民族、国家が生き延びるために、少しでも優秀な力の強い人間を養い、優勝劣敗、弱内強食の原理が支配をしてきた。力をもたない者、体の弱い者、障害者はいつも脱落せざるを得ない。戦争中にナチスのヒトラーが、戦争の遂行に役に立たないという理由で障害者を虐殺した歴史を忘れることはできない。

第四に「身体髪膚これを父母に受く、あえて毀傷《きしょう》せざるは孝の始めなり」と教えられてきた。親から受け継いだ体を少しでも健やかに健全に保つ。それが親孝行ということになる。地方によっては、障害者、自殺をした者、若く夭折《ようせつ》をした者は家の墓に葬らない風習のところがあったのは、天から授かった寿命を保つことができず、親に恩を返すことをしなかったからという。障害者、それは毀傷した人で、そのこと自体が親不孝と決めつけられた。道で障害者に出会うことさえを忌み嫌った歴史がある。障害をもつ者を出すことが家の恥、地域社会の不浄と考えられた。

軍人でさえも、一九三八年以降、傷痍軍人と呼ぶようになったが、それまでは廃兵といい、障害を不具廃疾と呼び習わしてきた。昔、子どもが悪さをすると「廃兵さん」と呼んだと聞いたことがある。不具の不は否定であり、廃疾の廃は捨てることだ。

知的障害を白痴・痴愚・魯鈍という区別をしたが、痴とか、愚とか、鈍いという言葉で表現をした。精神薄弱といっていたが、知能が停滞しているだけなのに、その人間の精神が弱いと評価しうる資格がいったい誰にあるのか。

「精神」とは、宗教的には「たましい」のことで、「精識魂神」を略した表現である。すなわち、人間存在の根幹にかかわる霊性を伴う魂という語義をもつことに注意を喚起したい。「精神」病は、癒されることのない人間人格の崩壊を暗示していないだろうか。

知的障害者をイディオースの人、すなわちイディオットとして「放棄」していたが、ようやく一九九八（平成十）年に、ひとりの人間に対して「精神」が弱いと「放棄」する権利は誰にもないとの反省から、概念の変更に迫られ、「精神薄弱」という用語が「知的障害」に改められた。

身体障害者、心身障害者の福祉は、戦争が終わってから新しい歩みを始め、一九四九年に身体障害者福祉法がつくられた。

「身体障害者は、自ら進んでその障害を克服し、すみやかに社会経済活動に参与できるように努めなければならない」。本人の責任、障害の克服を当事者責任ととらえ、生産社会から脱落した障害者の機能を回復することをリハビリテーションと考えた。

リハビリテーションは、めざましい発達を今日まで遂げた。それは、機能を回復した人が再び経済社会に戻るのを社会復帰と呼び、リハビリを受けて社会に適応することを目指した。

第2節　弱さと強さと

高層ビルのはしりである霞が関ビルが一九六八年にでき、友人が「勝手がわからないので一緒に行こう」と言い、待ち合わせた。

「高いなあー」と二人で高いビルを見上げて中に入り、一番奥のエレベーターに乗って三十三というボタンを押す。実に速く高く登れるエレベーターだと感心していると、十階を過ぎるころ、友人がエレベーターのなかで座り込む。

「気持ち悪いのか」

「ウン……」

降りて、しばらくソファーで休んだ。友人の体が、エレベーターの速さ、高さについていくことができない。

一九六一年に、初めてジェット機に乗った私は、中耳炎を起こし、二回目にも鼓膜を破った。以来聴力に支障をきたし今日に及んでいる。私の体が、ジェット機の速さ、高さに適応できなかったのだろう。

課題はいかに変化に適応するかであった。適応についての、考え方を変えなければならない。

省エネ時代、あるビルの正面玄関に入った。古い小さなエレベーターが二基あり、その一基が止まっていた。当時どこでも省エネで、エレベーターを止めて「階段をお歩きください」と掲示していた時代のこと。

私はこういう掲示をみると、つい無理してでもエレベーターに乗ろうという気持ちにさせられたものである。しかし、そのビルのエレベーターの横に「若さを誇る方は階段を歩いてみましょう」と書いてある。私は若さを誇っているので、進んで、喜んで階段を歩いて上った。

エレベーターがある、行政がある、それにすべて依存をするという今までの姿勢を変えなければならない。今日の福祉は、「エレベーターがあっても、歩けるときには歩きましょう」「住民の主体的な参加によって新しい福祉をつくろうではないか」という理念に立っている。

「住民によって、柔軟で、たくましい社会をつくろう」が今日の社会の目標となっている。強くたくましく生きぬく児童の育成を願うときに、いったいいかなる意味において子どもに強さを求めるのか、どのような根拠において子どもに生き抜いてほしいと願うのであろうか。

進学校の先生が、クラスのなかに病気で長欠児童が出るとみんな喜ぶと話す。受験のライバルが一人減るからだ。今日、私たちは友達の病気を喜ばなければならない状態に子どもを置いているのではないか。自分だけ、人を押し分け、人を踏み台にして進む強さではなく、弱さを担う強さを子どもに求めたい。

今までのように、生産社会に障害者が適応していくのではなく、障害者に社会そのものが近づき、社会が障害者に適応していく。

いままで障害者は町で見えなかった。歩道橋があったり、車いすで入れるトイレがなく、施設や家に閉じこもっていなければならなかったからだ。それを、障害者も障害をもたない者も共に生活できる場が地域社会であるから、それを当然のこと（ノーマルなこと）として、障害者がみえる町にしようではないか――というのがノーマライゼーションの趣旨である。

それには、私たち市民も行政と協力して、障害者が生活できる社会的条件をつくりだす必要がある。そして、障害者も障害をもたぬ人も、肩を並べてあらゆる面で社会参加できる社会をつくりだす。これがノーマライゼーションだと私は理解する。

リハビリテーションは、もともとは教会から破門をされた人の権利回復を意味した。ミサ、聖餐は教会の中心的生命であるが、ミサにあずかる権利を喪失した人がその名誉を回復し、再び中心的生命にあずかることである。リハビリテーションの原語ハビタスは、機能の回復ではなく、人間の存在がそこで認められる全人的回復を指す。

その存在が認められる場所、居住する環境をハビタティオという。リハビリテーションとは、その居住する地域において障害者がその存在を確保するということになる。

一九七〇年に、心身障害者対策基本法ができた。「すべての心身障害者は、個人の尊厳が重んぜられ、その尊厳にふさわしい処遇を保障される権利を有するものとする」。ここまでに、身体障害者福祉法から約二十年の歴史があり、それがリハビリテーションの歩みでもある。

第3節　美しさの原型

親しい友人を交通事故で亡くした。二十八歳の若さであった。

それまで八年、毎日曜日の二時間、教会でこの女性と身近に過ごした。私は彼女をスーパーバイザーと呼び、彼女にとって私はアシスタントである。これは教会バザーでの役割関係を示す。彼女はすぐれた能力の持ち主で、一度会った人の名前は決して忘れないし、レコードの曲名を間違いなく当てる。いつもニコニコと私を迎え握手を求めてきた。

養護学校を終えたとき、すでに二十歳を越えていた。自閉症である。コミュニケーションは一方的で、数の概念も把握できない。お菓子屋さんの箱作りにパートで働き、週二日は人工透析を受けた。教会員が持ち寄る古い手紙の使用済み切手を丹念に切り取り、海外医療協力のボランティアとして参加した。私の計算では、百人を越えるネパールの子どもの生命を助けたことになる。

この友人に突然逝かれ、私の心に隙間風が吹くようになり、はじめてこの友人の存在の重さが認識できるようになった。それまで、あまりに表面的な異常行動にとらわれていたため、彼女の内面的な麗《うるわ》しさを見抜くことができなかったからだ。

彼女は、かつて嘘をついたことがない。人の悪口を言わない。人を憎むことを知らず、約束を裏切ったことがない――。ということは、疑いもなく人間の美しさの原点をもっていたということなのではないか――。

社会的効用には欠けても、誰しもが免れることのできない人間的醜さから解放され、最も成熟した人間の姿を示している。このことに改めて気づかされたのである。

知的障害児の父、糸賀一雄が、「この子らを世の光に」と悲痛な信念を吐露した意味(1)を深く噛みしめたい思いに駆られている。これは、濃密な親子関係、教師・友人との友情を基盤とする心の問題であり、精神の問題であるが、それだけでは表現しきれない「魂」の次元の問題だといいたい。

「肢体不自由の人間は別にわれわれの気にさわるようなことはないが、精神の歪んだ人はわれわれに腹を立てさせる」(パスカル)。

人間の価値は、一体何によって決められるのだろうか。よく「あの人はすばらしい人だ」とか「あの人は偉い人だ」といった種類の言葉を口にするし、また聞きもする。「すばらしい人」「偉い人」「立派な人」あるいは「つまらない人物」「くだらない奴」と私たちが人を評価するときに、何かその尺度になるもの、基準とすべきものをもっているであろうか。

多くの場合、偉い人と偉くない人との判定は、社会的地位とか名誉とか、財産によって測られてしまう。すなわち外的条件によって、人物の尊卑が測られるのが普通だ。このような基準にもとづくときには、身体障害者はきわめて不利となる。なぜならば、身体のどこかが「不自由」であるために、あたかも精神までが「不自由」であるかのような錯覚を与えるからである。

どうしてこのような考え方が一般化してしまったかについて、ルース・ベネディクトというアメリカの女性文化人類学者は、『菊と刀』という題の本のなかで日本の国民性を興味深く分析している。

ベネディクトは、日本の民族の考え方、行動の仕方を規定しているものは「恥辱」という意識であると述べている。すなわち、日本人は、あるひとつの行為をしようとするとき、こんなことをしたら人に笑われはしまいかとか、こんなことをすれば家名にかかわるとか、名誉を傷つけはしまいか、恥になりはしまいかというような、個人にとっては「外形」の事柄によってその行為を決定するというのである。個人の内面的な責任において、たとえ笑われようと後ろ指をさされようと正しいことは正しい、だから私は私の責任において正しいほうを選んで行動するのだという責任ある行為の仕方をしないで、個人に附属している外面的な事柄によってその行為を決定するということなのである。まことに卓見であるといえよう。

身体障害という「外形」のために、いかにも家名が傷つくと考えられ、軽蔑の対象にされるのは、こうした古い意識に根ざしている。個人個人の良心の判断にもとづいてではなく、「外形」や「外観」によって考え方が決められたり、人間を評価したりすることは差別の精神をつくりやすい。差別の精神は、仕末が悪い。自分のなかにある悪や不自由さを認めないで、他人の悪や不自由さばかりをみているからである。

私たちの歪んだ精神――偏見と差別には、まさに「精神の歪んだ人」という表現がふさわしいのではないか。

西欧の有名な思想家パスカルが言うように、人間にとって重大なことは肉体が不自由であるかないかでなく、その人の精神が不自由であるかないかである。すなわち、人間の内面性が豊かであるか貧弱であるかによって、人間の価値が決められなければならない。

私たちはヘレン・ケラー女史を心から尊敬し、「あの人は偉大な人だ」と称賛する。見えず、聞こえず、話せずの、いわゆる三重苦のヘレン・ケラーはこの世的には何の役にも立たない人物なのに、なぜ彼女は全世界の人びとからあまねく尊敬をかち得ているのであろうか。それは彼女の「魂」が偉大だからだ。ヘレン・ケラーの精神は不自由どころか、肉体的障害に耐え、それを越えて新しい世界に生きる無限に豊かな愛と、神への信仰と望みを抱き、不自由な精神の人びとまでをも励まし慰めてやまないからではあるまいか。

尊いのは、目に見える「しるし」を身に帯びているか否かでなく、一人ひとりに与えられたたまものと精神とを人びとと分かち、愛を与え、世に光を投ずることなのである。

ある小学校の卒業式で、車いすに乗ったA君という男の子が、友達、先生、保護者の祝福を受けながら卒業した。式が終わって、担任の先生は教室に子どもたちを集め、「君たちみんな、A君の手足になってくれてありがとう。でも君たちは、A君から、よそでは学べない大切なものを勉強したね。これからそれを大事にしなさいよ。今日は校長先生から、みんな一緒にお免状をもらえておめでとう」と、ダルマに目を入れた。A君は小学校四年生のときに発病し、長い入院生活のなかで、不幸にして下半身がマヒし動けなくなった。A君も両親も学校へ戻ることを諦めた。そこに担任の先生が見舞いにみえ、「A君、頑張れ。君が帰ってくるのを、今日か明日かとみんな待っているんだぞ」。

先生に力づけられたA君は学校に行った。車いすで。A君がくるので、クラスで相談をして、五人ずつグループをつくり、当番に当たった組はその日の朝A君の家へ行って、五人で車いすを押して一緒に登校した。下校するときも、その組が一緒にA君と家へ帰った。学校ではみんなでA君を助け、仲良く一緒に勉強し、共に遊び、卒業を迎えた。

A君を学校に迎えるとき、担任の先生は決意した。どんなことがあってもA君から離れない。

たとえ火事で煙にまかれても、A君を手離すことはすまいと。A君を迎えた日から卒業式の日まで、先生は片時も「おぶいひも」を手離したことがない。この「おぶいひも」が福祉の象徴ではないか。

今まではひとりの先生に、役所に、施設に、特定のボランティアに、「おぶいひも」を持たせた。しかし、これからの福祉は、特定の人が「おぶいひも」を持つのでなく、障害者を取り巻いている地域のみんなが、心の片隅に少しずつでも「おぶいひも」を分かち持つ、それによって障害の専門の施設、そして専門の先生たちを支えよう。「おぶいひも」を持つ人の輪を少しずつでも拡げ、みんなが「おぶいひも」を持ちあったときに、そこに美しい福祉社会が創られるのであろう。

「おぶいひも」をお互いに心の片隅に、どんなに小さくても、どんなにそれが貧しくても、それを持ちあい、それを活動に表し、そして、障害者から学ぶ姿勢をもちたい、と思う。

「すべての子どもは、神様が人間に絶望していないことを伝えるために遣わした使者である」（タゴール[2]）。

第6章　「助ける、なぜ悪い」

第1節　ボランティアとは

「私はボランティアです」

「えっ、ボランティアとは？」

「大学の教授ですが、毎夏、受付で手紙の受信・配信・電話の交換、客の案内をします。無報酬です。私のような者をボランティアというのです」と、その女性は教えてくれた。

大学生なのにボランティアを知らなかったのが、今になって恥ずかしい。

教授が人里離れた療養所で、研究を捨てて単純事務で休暇を過ごす。それも給料なしとは、大きな犠牲ではないか。正直なところ驚きを覚えた。にもかかわらず、ボランティアという言葉が、なんと新鮮に響いたことか。概念ではなく、生き生きと行動する人間の姿に対して。

ハンセン病療養所を偶然訪ねたのが、ボランティア活動を始め、さらにソーシャルワーカーを志す動機になったので、私にとってそれは、強烈な出来事であった。六十年近く前のことになる。

敗戦の混乱、社会の疲弊、国民の貧困に直面した戦後、経済学を学んでいた私は、ようやく虚脱状態から立ち直り、日本の社会はどうなるのか思いめぐらしていた。

戦争を経験したので、一人の人間の無力さを痛感していた。一人では何もできない――。集団としての社会が変革されない限り、人間の幸福は到来しないだろう、と。「世界全体が幸福にならないうちは、個人の幸福はありえない」（宮沢賢治）と私も考えていた。

ハンセン病療養所でボランティアを知り、一人の看護師に出会う。すべてを捧げ、微笑みをたたえて、温かく患者に仕える一人の看護師は、私に無言のうちに「いと小さき者の一人」の幸せが確保されることなくして社会の幸福はあり得ないことを悟らせた。

「一人」を基底に置くのが、ボランティア活動の起点であろう。言い換えれば、ボランティア活動は、巨大な非人格的社会構造に対して、あくまで「我と汝」の人格的関係を生みだそうとするささやかな、しかし深みをたたえた営みだと思う。人格的とは「我」と「汝」の相互性において、共に変化し、成長し続ける意志的な形成関係をいう。

わが国にも、社会福祉の独自な歴史がある。戦前の社会にも、もちろんある意味で温かい助けあいはあったし、慈善事業・社会事業もなされていた。しかし、そこには与える者と与えられる者の区別があり、両者は決して対等ではなかった。ボランティア活動もなかったわけではないが、ごく一部の社会福祉施設、セツルメントやYMCA、YWCAのような青少年活動という狭い分野に限られていた。

ボランティア活動が注目され、活発になってきたのは、戦後のことであり、それも一九七〇年以降であるといってよい。一九五〇年代まで、日本の社会福祉は「貧しさ」の対策に終始した。最低生活をいかに保障するかが中心であった。住民は、お互いに自分の生活を確保するのに精いっぱいで、近隣では、「お互いさま」「おすそわけ」と助けあったが、とても他人のことまで配慮する余裕はなかったといえようか。

障害児問題が登場したのは一九六四（昭和三十九）年ごろで、水上勉の「拝啓総理大臣殿」がひとつの契機となり運動は盛り上ったが、障害児の問題が社会的拡がりをもつには、一九八〇（昭和五十五）年の国際障害者年まで待たねばならなかった。

一九六〇年代に「成長」の時代を迎え、年金などの社会保障制度や福祉の施策は充実し、法体系も整備された。福祉国家を目指して、次第に国家責任が重視されるようになった。経済の成長が何よりも優先し、豊かな経済の分配にあずかるという「パイの論理」が強調され、経済開発が先行した。パイという経済が拡大されれば、福祉や教育もその分配にあずかれることを肯定することが、成長期を支える福祉の思想でもあった。行政の責任を追求する住民は、腕をこまねいて体を動かさないことを体で覚えたので、住民の要求があればすぐに応じられるように、役所に「すぐやる課」を設置するのが一種の流行になった時代でもある。

その「ひずみ」として派生した公害・福祉問題への住民要求に対して、成長期の豊かな財源を裏づけとし、行政は総花的「親切行政」でこれに応じ、施策は多様化した。住民の権利意識が芽生え、定着するようになるが、要求的姿勢からは、主体的で実践的なボランティアは導きだされなかった。

とはいえ、福祉施設のボランティア活動が序々に行われるようになり、教育分野でもボランティアが導入されるようになった。そして、次第に住民は従前の福祉への「受け身」の態度から脱皮することになる。

一九七三（昭和四十八）年は福祉元年と呼ばれ、福祉拡充に総力をあげるかにみえたが、ついに今日まで「福祉二年」は到来していない。その年の秋、石油ショックに見舞われ狂乱物価を招き、福祉予算はカットされ、社会は混乱した。

一九七〇年代は、変化の時代だ。障害児・老人問題がクローズアップされ、その深刻さに一驚させられた。石油ショックによって財政は硬直化し、福祉の見直しを迫られる。福祉ニーズへの行政の限界、大衆社会化の深化、共同社会の崩壊が問題となり、ようやく民間の責任と住民参加の必要性が認識されるようになった。

さらに、住民のニーズは経済的なものを越えて、生活の安らぎ、潤い、快適さを求めるようになり、価値観とともに福祉ニーズも多様化してきた。老人の孤独はその一つであろう。そこで金銭的現物的給付では満たすことのできない目に見えないニードに対して、対人福祉サービスを中心とする在宅サービスが、社会福祉の課題となる。

今まで、福祉ニーズをもつ人に対して、目で見えるサービス、特に福祉施設で解決を図ろうとした考え方が、コミュニティを基盤にする福祉へと方向を転換しはじめたということになる。

週休二日制や夏季休暇制度の広がり、核家族化や電化製品の普及による家事労働の減少などにより、余暇時間を積極的に活用して社会参加しようとする人たちが増えてきているし、地域社会が見直され、住民が自主的に地域づくりする気運も高まってきている。「ゴミ出し」が普及して、ゴミを分別して自分で外に出て運ぶという習慣が身についたのは一歩前進といえようか。

住民の地域活動を背景として、地域でのボランティア活動も盛んになってきたし、制度的ボランティアといわれる民生・児童委員も、制度創設六十周年を期して、「社会福祉行政に対する住民参加の制度化された一形態」として新しい意味での性格を整えることになった（一九七七年）。

一九八〇（昭和五十五）年に「完全参加と平等」を目指した国際障害者年を迎える。この時からノーマライゼーションの理念が広く普及されることになった。

ノーマライゼーションとは、障害者が当たり前の人間として社会の営みのなかに普通に参加することで、その意図するところは、単に障害をもつ者ともたぬ者が同じ地域に住むことなのでない。互いのふれあいにより、相違と多様性を認識し、理解し、受容し、新しい文化を創造することにある。共住することに目的があるのではなく、多様性における共存への深い願いが込められている。

それには、障害者の社会参加の基盤をつくるために、障害者が社会にではなく、社会が障害者に近づき適応していくプリンシプルの承認が肝要となる。それは、人間と社会へ厳しく問いかける重い理念なのである。

一九八〇年代以降は、七〇年代に提起された諸問題への「対応」の時代となり、地域福祉が主流を占めはじめる。その核となるのは、ボランタリズムの思想である。

ボランタリズムは、社会福祉の実践を、問題によっては国家や自治体が直接行うより、自由で自主的な意志をもつ民間団体や住民が行うほうがよいと考える思想である。それは、無報酬で時間や労力を提供するボランティアの根源となる思想でもある。

このボランタリズムを基底として「福祉社会」という理念も誕生している。

第2節　ボランティアの役割

戦後三十年間の社会福祉は、公的責任が大きくなっていく歴史を歩んできたが、公的責任が大きくなればなるほど、ボランタリーなエネルギーに支えられなければならないことが、反省として明らかにされてきた。

ボランティアの裾野が広ければ広いほど、その層が厚ければ厚いほど、公的制度や施策も十分に機能できるのだ。百人の里親希望者を土台にしてはじめて、一人の里親の責任が十分に果たせる。

ボランティア意識の成熟が、制度の発展と表裏一体になっている社会を「福祉社会」と呼ぶ。スウェーデンやイギリスのように福祉国家体制がすすんだ国で、福祉社会が論ぜられるようになった理由も納得がいこう。

戦後の社会福祉は、国家の責任の下で、解決に専門性を尊重するようになり、それを行政の責任とする意識が強まった。一九七〇年代になって、コミュニティづくり、人間関係、価値観など福祉の質的要素にかかわる問題は、本来は行政が主導すべき性質のものでなく、住民がボランティアとして自主的に参加すべきだと、住民の意識と態度に変化を生じた。住民は福祉の受け手として存在するのではなく、担い手へと転化する必要性、つまり住民とは権利主体であると同時に、責任主体だと自覚されはじめた。ここに、ボランタリズムへの目覚めがあり、ボランティア活動展開の背景もある。

ボランティア活動は、制度や行政だけで満たすことのできない個別的なニーズにきめ細かなサービスを提供したり、ボランティアの人格的ふれあいによって利用者、対象者の生活に潤いを加えたり、施設・団体の運営に参加するなど広範にわたる。また、既存の制度や政策が着眼していない部分についての先駆的なボランティア実践とともに、政策提案や制度改善の提言をする役割もある。

もう一つは、行政や専門家と一般住民との間にあって調整の役割を果たすことだろう。社会関係を、人間－家族－コミュニティ－国家と分類すれば、人間と地域社会を強調したヨーロッパに対して、日本は家族と国家を重視した。コミュニティとは、国家と家族の中間にあり、そこにおいて「官」と「民」が参加し、結びつき、新しい共同社会を形成する場を指す。コミュニティで、人間と人間、家族と家族、家族と行政を結びつける役目をボランティアが負うといえよう。

ボランティアに期待される役割を要約すれば、次のようになる。

（1）地域社会の福祉ニーズに積極的に応えようとする先駆的役割
（2）公的制度の不備を補う補完的役割
（3）制度や行政施設に対して建設的批判をする批判的役割
（4）行政施設と住民の間で理解・協力者として活動する架橋的役割
（5）地域の福祉を守り育てる相互扶助的精神を普及する啓発的役割

新しい福祉は、福祉ニードに対して、あらゆる資源を動員して対応する理念に立っている。それを地域社会を基盤に実現しようとするところに、地域福祉の意義がある。そこでは、公の資源か私の資源かを問わない。すべての資源の活用を図る。すなわち「公私協働」を目指している。けれども、公と私とでは、機能も役割も違わなければならないから、公私の役割分担が必要だ。それぞれの責任と限界を踏まえた「公私分離」が要求される。「公私協働」と「公私分離」の緊張関係のうえに、新しいボランティアの役割が描かれなければならない。この場合の公私とは、厳密には「官」と「民」を指している。

地域福祉において、さしずめ在宅サービスにおける行政機関、専門家とボランティアがどのように協力するかが検討されなければならない。

ボランティア活動をして、いろいろな問題に直面する。実践に対する挫折感、自己嫌悪、自己満足などに加えて、二つの懐疑がきかれる。ボランティア活動は、社会福祉の後進性を温存したり、安上がり行政に加担しているのではないかという、社会志向型から発せられる疑問と、自分自身の人間形成が目的となり、相手を自己啓発の手段化してはいないかという、自己志向型の反省である。

この疑問は、ボランティアの実践活動からの問題提起として貴重だ。この疑問に、ボランティアの理念が問われているし、ボランタリズムの存在理由が深くかかわっている。

聖書に「一匹の迷える羊」の物語がある。百匹の羊のなかから一匹が迷い出たら、九十九匹を山に残しておいて、その迷い出ている羊を捜しに出かける、有名なたとえ話である。いままでの福祉は一匹の羊を守ることに特別の使命を感じ、一匹の幸せを追い求めてきた。しかし、新しい福祉は、九十九匹に一匹のもつ価値と社会的意味を訴え、参加を促そうとする。そして、一匹が九十九匹とともに役割をもつことを願う。なぜならば、一匹の問題は、百匹全体の問題だからだ。一匹と九十九匹は不可分で、一匹の幸せが百匹全体の幸せを高めるとの認識にもとづく。

この一匹と九十九匹を結びつける絆を「連帯」と呼ぶ。連帯とは、百匹全体のなかで、それを構成する一匹と一匹とが協同する精神をいう。ボランティアがかかわれるのは、実際には「一匹」の福祉だろう。しかし、それは常に百匹の「全体」を展望しながら、百匹の責任において、百匹を代表する意味で実践することなのだ。

ボランティア活動に入る動機が、同情なのか、自己実現のためか、友人に誘われてか、正義感からか、それは二義的な問題にすぎない。活動経験を通じて、自己志向が他者志向へ変革され、自分と他者が共存する関係までに成長することが期待されるのだ。連帯的相互性にこそ、ボランティアの第二の原理がある。

第3節　連帯と互酬

ボランティアとは、どのような人間像をいうのであろうか。

ボランティアに要請される性格は、主体性、連帯性、無償性であり、この三つにボランティアの理念が表現されると私は主張した。(1) 基本的には、今でも私の思想は変わっていない。「寄らば大樹の陰」という依存的態度はボランティアのものではない。「己れの欲せざるところ、人に施すなかれ」の自己抑制的な儒教倫理に対して、ボランティアは「自分にして欲しいと思うことを、そのとおり人にしなさい」という積極的倫理に立つのであり、上から押しつけられた「奉仕」とは異なる。

なにものにも強制されることなく行動する自発性に根ざし、行政に甘えず、真の自立を獲得しようとするボランティアは、相手の自立を尊重してやまない。ここに連帯が芽生え、福祉が育つ。福祉とは、自立を促す連帯的な行動を指すからである。

戦前は、奉仕といえば「ただ働き」（損なこと）、「肩代り労働」（不当なこと）を連想した。戦後、サービスというと、百円の品物を五十円に値下げする「安売り」と結びついた。すべてを金銭的価値ではかる経済社会では当然のことかもしれない。

ボランティアサービスは、金銭で評価されることを嫌う。かえって、内発的な意志と自由な行動内容を物質的に、数量的に換算されるのを拒否する。これは、ボランティアの交通費、実費弁償をどう扱うかの次元の問題ではない。ボランティア活動は、何らの物質的報酬を期待しないでなされる無償性を重視する。それは、奉仕の精神というより、市民的義務というべきだろう。岡山県済世顧問制度（現在の民生委員制度）を一九一七（大正九）年に設置した笠井信一知事は、「無酬の報酬」と呼んだ。

現在の福祉を動かしている思想のなかで、「今日は人の身、明日はわが身」「情けは人のためならず」という陰徳陽報が大きな部分を占めていると思われる。そこでは、行為を受ければ「お返し」をする負担感が伴うし、他人の世話になるのを恥とする意識は、他人の世話をすることにも消極的になる。個人の道徳が先行して、社会意識は弱くなる。

明日の善意の還元を期待して、今日、恩を売っておく、といった反対給付を想定する行為は、ボランティアの論理ではない。制度化されているかどうか、財政的保障があるかどうかに関係なく、やむにやまれぬ思いで守るべきものを守るボランタリズムの思想は、「値なくして受けたのだから、値なくして与えなさい」の強烈な無償精神に支えられる。これがボランティアの歴史的背景だ。

今日ではボランティア活動は、いつ、どこでも、誰にでも、楽しくできることが望ましい。ボランティアが特別な人間像でなく、住民の生活と行動のなかに普遍化されることが理想だろう。その精神の核は主体制、連帯性にあり、それらのバリエーション（変奏曲）すなわち、活動の多元化の表れで新しい市民参加のスタイルとして、多様な活動へと変化してきたということではないか。そして「楽しく」。喜びをもって活動すれば、相手にも喜びは伝わり、それによって喜びはさらに大きくなっていくに違いない。

ささやかな個々のボランティア活動の学習と経験を通して、「自己」と「他者」が「共同」に開発されながら、社会的拡がりへ発展させ、国民的エトス（思想的風土）を育てなければならない。「大きいことはいいことだ」の経済成長の論理を克服して、「小さいことは美しい」というボランティアの思想と行動を丹念に積み重ねて、福祉社会を築きたいものだ。

私たちの社会は多分に縁起の構造をもつ。血縁・地縁のなかで、自と他が縁によって自然に結ばれる（自他不二）。したがって、地域社会はあるがままに存在する存在概念として把握される。そのうえ、和と分が重視されるので、枠組みからはずれた活動をするボランティアは「でしゃばり」「自分の家さえ治められないのに……」と冷やかな目で見られ後ろ指をさされたので、昔のボランティアは自分の地域を避けて、わざわざ遠く離れた施設に出かけて活動する人が珍しくなかった。

ここに地域で受け身の立場で存在する私たちが、ヨーロッパの生みだした形成概念としてのコミュニティ、そこで活動するボランティアを受け入れる難しさがある。

「うち」社会の相互扶助が優先し、「よそ」社会は責任の外に置かれ防衛的になる。ボランティアは、よそへの働きかけなので、「うち」の高い垣根を越えなければならない。

ヨーロッパと日本の相違は「隣」の理解に表れる。隣は、境目を指す地理的概念で人格的概念は含まれていないので、隣人はタテ社会の外側に位置する。しかし、ネイバーは、隣の人を意味するので、うちとよその境界を越えてヨコにいる人を隣として捉えようと努める。隣をネイバーと受けとめるところから、ボランティアが出発しているのに注意を払おう。もちろん日本社会でも、貧しい家の軒下に人知れず食物を置く陰徳の互助がなされていたが、広く普及したのは互酬であった。田植えに協力してもらえば刈り入れのときには手伝いにいく、手間貸し手間返しのお返し主義のことをいう。

互酬は、親族・地域共同体を維持するための不可欠な行為で、今でもアジアの共同体は互酬で成り立っていると述べても過言ではない。たとえば、アジア仏教（日本の大乗に対して小乗といったが、最近は上座部仏教と呼ばれる）における托鉢は、村や町を訪れる僧侶に村人は先を競うように布施をする。金ではなく、捧げられた食物に僧侶は礼を言わず黙って鉢に受け、食事をするとともに貧しい人びとに分かつ。村人が膝まづいて布施する食物を、僧侶は立ったまま受ける。上から与え、受ける人が膝まづく私たちの常識とは異なっている。これが、サービスのあるべき姿なのか。

このような、互いに捧げ、助け合う習慣が、アジア文化としてつくられてきた。それが、今なお私たちの社会に息づく互洲へと結びついてきた。

戦後の日本社会では、共同体は封建遺制として否定され崩壊の途をたどったのに、目標とするコミュニティはいまだつくられていない。でも、互酬は生き続ける。香典、香典返し、結婚祝い金、引き出物、中元、歳暮の風習は、ヨーロッパ社会ではまったくみられない。しかし、共同体を維持する機能としての互酬は失われ、かつアジアの互酬を支える宗教性も、日本社会にはないのが実態だ。

留学中、ニューヨークのセツルメント（地域福祉施設）で、毎回鋭い批判と指導を受け（スーパービジョンとあとで知る）、無償なのに学校の試験時の欠席さえ認めない厳しさを経験したことが、いつの間にか私のボランティア観をつくったようだ。

主体性・連帯性・無償性の理念を原理として受け入れ、活動しているボランティアと、そのグループが育ってきたのはうれしいことだ。先駆性は必ずしも特色にはならない。隠れた落穂拾いもりっぱなボランティア活動なのだから。

とはいえ、ボランティア活動が厚い壁にはばまれ、欧米に比較して圧倒的に数が少なく、飛躍的な広がりが期待できず伸び悩んでいるのも疑いを入れない。また、近隣互助の無償の支え合いの行動も、都市化・高齢化とともに衰弱してきたのも事実だろう。

そこに、一九八〇年代から登場してきたのが市民参加型福祉サービスになろうか。

協同組合（コープ）、農協（JA）、労働組合、福祉公社、時間貯蓄制など、多様なサービスが展開されているが、住民を主体とする会員制度で相互に有料で利用し、有償でサービスを提供する点では共通しているようだ。匿名社会で互助が失われ、人びとが社会的孤立を深めているなかで、社縁、組合縁、仲間の市民意識を活用したサービスはますます拡大されるだろう。特定の会員の間での活動だから、互酬制の拡大路線上にあり、互酬の近代化・組織化と考えられるが、同時にここに限界も認められる。

有償であるから、無償のボランティアとは一線を画す。しかし、これらのサービスが、①会員の自主性にもとづき、②友愛・協同の思想に立ち、③有償とはいえ実費弁償的性質のもので収益を目的とせず、④グループとしてボランタリー・アソシエーションの性格を保つ点において、広義のボランティアの原則からはずれていないことに注目してよい。

有料であることは、お上の世話になりたくない気持ち、無償でサービスを受ける負担感からの解放の役割を果たしているのかもしれない。

神戸の「コープくらしの助け合いの会」のボランティア総会を傍聴した。時間当たり手当の値上げが提案されたとき、会員のなかから反対の強い声があがった。「金が目的でサービスしているのではない。ボランティア精神で働きたい」との主張だったのは興味深かった。他方、「お金をいただくような技術も経験もありませんので、無償ならさせてください」と申し出た人も、町にはいる。膨大なニードへの対応として、多様なサービスがあり、住民が選択できることは望ましいと思われる。

有償サービスは「市民参加型」と名づけられるが、市民とは、市民社会の一員として権利と義務の自覚をもつ人を指す。参加が、他者のために、他者と共に、もてる時間とエネルギーと能力を分かち合い、全体のなかで役割を果たすことであるなら、市民参加型サービスが「市民」と「参加」との架橋的役割を負い、開かれた地球市民に目覚めるプロセスとなるのを期待しよう。

そこには、時代の変化と思想の変遷がある。有償ボランティア、貯蓄制ボランティアという展開を経てのことである。以前の、主体性・連帯性・無償性に根ざすボランティアの考え方が、修正を迫られているのかもしれないが。

国民の意識は、自己実現や生活の質や喜びを積極的に追求する社会に変化していて、謝意や経費を認め合うことは、ボランティアの本来の性格からはずれるものではない。いつでも、どこでも、誰でも、気軽に楽しく参加するのがボランティア活動である。目標として、ボランティア活動に参加したいと思っている国民の四人に一人が参加できる仕組みをつくることが課題である、と指摘されている（「ボランティア活動の中長期的な振興方策について」中央社会福祉審議会、一九九三年七月）。

第4節　優しさ

最近、企業の社会的貢献によるボランティアが強調されているが、私の施設でも、大企業から志願されてきた方の態度の誠実さ、子どもや老人への優しさ、旺盛な研究心に学ぶところが多い。企業人としての施設への助言、利用者・地域住民に及ぼした影響力を高く評価している。

実業である企業にとって、社会福祉は明らかに虚業であった。ようやく利益の社会還元として企業が福祉に近づいてきたのは歓迎するが、営利体である企業が非営利の福祉をどこまで自己責任とするかの理論と、ボランティア活動に参加する意義とは、検討課題だろう。

私自身、ソーシャルワーカーの本業のかたわら、いくつかのボランティア活動をしてきた。行政委嘱の場合には、実費弁償費が支払われる。刑務所には無償で、他の団体・施設・地域作業所から交通費、盆暮れの品物を贈られるケースなど、画一ではない。ときには、無償のうえに会費や寄付を負担し、祝い金・菓子折持参もあり、古切手を障害児施設に届けているだけのものもある。妻は子どもの施設の子どもたちに、誕生祝いのカードを三十年送り続けている。いくつかの性格の異なるボランティア活動に、一人の者が重複して参加するのは、別にめずらしい例ではあるまい。

ボランティア人口の増加は二十一世紀の重要な課題だが、それがどのようなスタイルであれ、ボランティアの本質はサービスの量ではなく、質的価値にあることを認識すべきであろう。

町で八年間、看護の末に夫を看取った女性が、葬儀のあと「隣の奥さんが〈あなたのご主人は、あなたによって支えられているのね〉と励ましてくれたので、八年間看病ができました」と述懐した。近隣の人の一声によって看護が支えられたという事実に感銘したことがある。人と人との相互性に生き、ひとりの人間の実存を問う人間像として、ボランティアは存在することを物語る。それを、地域のなかで創造すれば、地域福祉システムの基盤が形成されるのである。

地域には、ボランティア、市民参加型サービス、インフォーマル・ケア、フォーマル・ケアあるいはシルバー産業など存在しているが、それらの組み合わせ、統合が求められるなかで、ボランティアをどう位置づけるかが問題となっている。

一九九五年六月、ひろがれボランティアの輪連絡会議では、「阪神・淡路大震災における支援活動を通して学んだこと・提言」をまとめた。自然災害の多いわが国で危急の際のボランティア活動がいかにあるべきかは、重要な課題だ。ボランティア経験から福祉社会形成と今後のボランティア活動のあり方が示唆されるので、提言のなかからいくつかを紹介したい。

(1) 大規模災害時の外部からの支援は、現地の支援体制の確立を促し、市民が本来もつ力の回復を促す支援でなければならない。今回の経験をボランティア団体が分野を越えた広い経験交流をすることで互いに学びあい、研鑽するなかで、よりよい支援活動の展開方法を身につける必要性が明らかになった。

(2) ボランティア団体およびボランティアは、現地に負担をかけないスタイルを確立する必要がある。このことはボランティア活動の最低限のルールである。

(3) 高齢者、障害者、外国人等、大規模災害時の生活困難がより深刻となる人びとに対して、近隣の住民、ボランティア、福祉サービス提供機関、行政等によるきめの細かい支援体制をあらかじめつくる必要がある。

今回の大震災で、最も深刻な生活困難に見舞われたのは高齢者、障害者等であった。特に、これらの人びとの日常的な把握が不十分であったり、近隣との関係が稀薄であったため、現況把握には大きな困難があった。また、避難所、在宅における個別の福祉的支援には多くの課題があった。

今後、高齢者、障害者等に対する近隣の住民やボランティアによる安否の確認などの見守りネットワークをつくるとともに、福祉サービス提供機関同士の情報の共有、災害時を予測した個別のきめの細かい支援計画の策定等、関係者による支援体制を確立する必要がある。

（4）大規模災害下におけるボランティア活動のコーディネートのあり方について、今後、検討を深めていく必要がある。

全国から支援ボランティア活動に駆けつけた人の八割近くが、初めてボランティア活動を行う人であった。初めての人であっても適切な活動が行えるようなコーディネートのあり方について今後とも研究し、開発していく必要がある。

一方、日ごろ各地域で活動しているボランティアたちも大活躍した。地域で会食活動を行っているボランティア団体が機材、食材などをすべて持ち込み、継続的な食事の提供が可能となった。

（5）専門職としてのボランティア・コーディネーターの確立と量的拡大を図るとともに、災害時を想定した訓練、研修を行う必要がある。被災地のニーズの質を見極め、状況に応じた効果的な支援プログラムを開発、実施するためには、訓練された専門性の高いボランティア・コーディネーターが必要である。わが国では、ボランティア・コーディネーターの専門職としての社会的な認知が低く、量的にも極めて少ない。専門性の高いボランティア・コーディネーターの養成、設置拡大を図る必要がある。

（6）効果的な支援活動展開には民間団体同士のネットワークが必要である。継続的、効果的な支援活動の展開には、被災地の状況についての情報交換、お互いの活動の長所を補う、ボランティア団体同士のネットワークが有効であった。ある地域では各団体が基本的な役割分担を行い、単なる情報交換のレベルに留まらず、お互いの持ち味を生かした協同活動が行われた。

以上を要約すると、第一にボランティア団体同士の協同活動で、相乗効果が期待できること、第二に高齢者や障害者に対する近隣の住民やボランティアによる安否の確認など、見守りネットワークをつくり地域に張り巡らすこと、第三にボランティア・コーディネーターの役割が重要であること、という三点に整理できる。幸いに、その後の災害時に、この提言が生かされている。

それぞれの設立主旨やボランティア活動内容が異なる団体が、コミュニティを共通基盤として相互に特徴を出し合い、ネットワークを組んでいく重要性を学び生かさなければならない。インターグループワーク的な働きが必要となり、専門職としてのボランティア・コーディネーターが求められるということだ。

さらに重要なこととして、阪神・淡路大震災、さらに中越地震においても、ボランティア活動の経験は、未知の人の間での互酬というかたちのボランティア活動が、不特定の第三者の贈与に発展する契機を与えてくれた。愛他主義（アルトルイズム）の考えにもとづく行為だ。

イギリスの社会政策学者であるティトマスは、愛他主義の重要性を実証的・理論的に分析し、社会政策に大きな影響を与えた。ティトマスは、献血を例に引き、金銭、時間、勢力、満足、血液、場合によっては生命さえも提供する一方的な贈与の重要性を説いている。特定の人に対する義務ではなく、ウルトラ・オブリゲーション（道徳的・一般的原則としての義務）を主張した。

「何ら返礼を求めず、その権利を主張しない贈与援助の行為は、創造的愛他主義である。それは無名の他者を援助することにより自己が生かされるという意味で創造的である」というティトマスの言葉に、ボランタリズムが発展していく基盤があると思う。

北海道奥尻の災害のおり、特別養護老人ホームで一人のお年寄りが義援金を差し出した。「関東大震災のときに助けられたので、お返しをしたい。奥尻の被害者に送ってください」と。

注目すべきは、このお年寄りの行為は互酬であるが、①お返しが七十年後になされたこと、すなわち、七十年間、助けられたことを忘れていないこと、②お返しが、助けてくれた人にではなく見ず知らずの第三者を対象にしていることである。

助ける、助けられる行為、互酬的お返しが、当事者間から第三者へと、そして第三者同志へと普遍化するのが「福祉」にほかならない。一人のお年寄りの行為が、その可能性を私に確信させた。

互酬は、親族、職場の同僚、恩師、学校の同期生、組合の仲間、近所の人というように、顔の見える範囲の人間関係でのみなされる性質のもので、結婚式に招待するし葬儀にも参列する。こうした助け合いは、相互扶助、互助であっても、福祉ではない。福祉とは見ず知らずの人に必要に応じて手を差し伸べることだから。

この枠を越えるのが、ボランティアの意義であって、他人との間に新しいコミュニケーションを生みだすエネルギーを育てる。

共同体のなかで互助なら受け入れ、その枠を越えると秩序を乱すので批判の対象となるという、日本社会とボランティアとの間のすれ違いを経験しながら、今日のボランティアは、互酬を土台にしながらも福祉へと成熟としてきたのは、貴重な歩みと言わなければならない。

それは献血の歴史とも重なる。

五十年前、売血、買血によって輸血は成り立っていた。献血制度に切り換えたが、献血手帖には「あなたとあなたの御家族が血液を必要とする時、献血した同量を優先的に確保する」と記されていた。互酬だったのである。それが、現在一方的な献血なのに、六百万人の人びとが参加し、何の見返りも求めない。普遍化したのである。

阪神大震災の翌週、私は神戸に出かけた。あいにく、雨が降りだした。多くのボランティアにとって活動しにくい状況だ。そのなかを自分の体を雨に濡らしながら、救済物資だけは濡らすまいとかばって避難所に運んでいる若いボランティアたちに出会った。およそ他人のことなど考えたこともない茶髪の十代の若者たちであろうに、緊急のニードに直面して、他人の幸せのために身を粉にして働いている姿に感動した。

この青年たちの姿を見ながら、私は優しさを思った。優しさの「優」とは「憂」いに「人」がかかわるという字だ。苦しみと痛みの共有によって優しさが生まれる。ある有名な落語家が、阪神大震災で近所の家々が被災したのに自分の家は無傷だった。ご近所に申し訳ないと詫びたという。これが優しさではないか。

優しさこそ、二十一世紀を豊かにするキーワードのひとつに違いない。優しさを育て広げていくことが大切な課題だと思う。神戸での動きが全国各地に波及し、それぞれの地域の特色をもった活動が展開され、福祉社会の形成に結びつくことを願う。

第5節　喜捨の精神

私たちの社会は、もはや伝統的共同体に戻ることはできない。無償であれ有償であれ、企業人あるいは地域住民としてであれ、それぞれのボランティアが協同して複合的、かつ重層的に新しい福祉コミュニティの実現に努力を積み重ねることが求められている。わずかな時間か、貧しいタレントかを問わず、自分のもつ何かを隣人に生かし、他者と共に育つ行為に、誇りを感ずることができるかどうか。

仏教でいう喜捨とは、喜びをもって捨て、布施することだ。心が喜びにあふれるときに、おのずから人に何かを分かち、捧げる行為が生まれることを示している。与える人も受ける人も、互いに恵みにあずかることができれば、そこにボランティアのイメージを見出せよう。自己実現は、動機として肯定できてもそれは活動の成果であって、目的にはなり得ない。

May I help you？　の謙虚な姿勢で人とかかわり、活動を通して It's my pleasure.　の喜びに満たされる行動様式、ボランティアが不要なほどに社会意識の日常化をはかるのが、これからのボランティア活動普及に不可欠な方向であると強調しておこう。

そして最後に、いつでも、どこでも、誰でも、楽しく参加できればと願うが、参加とは、基本的に痛みの共有化を伴うこと、内に深い喜びがあってそれが伝わること、と銘記しておこう。

戦後間もなく、米国の女子高校を訪ねたら、校庭で遊んでいる生徒は昼食をとっていない。一週に一食にすぎないが、その分を「ララ」(LARA : Licensed Agencies for Relief in Asia)に寄付しているとの話を聞き、私たちの命をつないだ戦後のララ救済品は北米の余剰物資とばかり思い込んでいたので、心打たれた感動を忘れたことはない。

難民の定住促進センターの子どもが、近くの小学校に通っている。ベトナムの五年生の女の子が、学校の運動会で校庭を何周か回るマラソンに出場した。足が遅いとみえ、最後尾を走っていた。前を走っていた日本人の同級生が転んだので、励ましの声をかけ、起き上がるのを待って一緒に走りだした。さらに前のほうを駆けている友達が転び、泣き出し立ち上がろうとしない。ベトナムの子は、その子の所に走り寄り、手を差し伸べ助け起こし、二人の友達と手をつなぎ、三人で共にゴールインした。ビリで——。担当の先生が、「競技だから、助けなくてよいのだよ」と教えると、「助ける、なぜ悪い!」と食ってかかった。

戦火のベトナムを家族や仲間と逃れ、小さなボートに乗せられ、食べ物もないままいく日も洋上を漂ったうえ、やっと救い出されこの子は、定住センターで生活するようになったのだろう。仲間と助け合うことなしには生きることができなかった経験をもつベトナムの子にとって、「助ける、なぜ悪い」は、心の底からほとばしりでる叫びであったに違いない。

「助ける」「助け合う」が、福祉の根幹をなす原理であるとすれば、その原体験を日本の子どもも、否、私たちでさえもっていないのではないか。

しかし、何にも増して「助ける、なぜ悪い！」と叫ぶベトナムの子の素朴な声に、謙虚に耳を傾けることからボランティア活動は出発しなければならぬことを、深く心に刻んでおきたい。

第7章　共に生きる

第1節　ある町での体験

アフリカ、カメルーン国のオラムゼ村で事件が起こった。

村人が山に入り、迷子になっているゴリラの赤ちゃんを見つけた。あまりかわいらしいので「うちで飼おう」と抱いて家に帰った。その晩、村を襲ったゴリラの群を、村人は鉄砲を撃ち追い返した。翌々晩、またゴリラの群が村中を暴れ回ったが、村長の命令で返した赤ちゃんを抱き、雄叫びを上げながら山へ帰っていった。

六十四のゴリラが一匹の赤ちゃんを守り抜いたという。

一人赤ちゃんを、一人の障害者を、一人の外国人を、人生の旅をする仲間として親しく手を結び、みんなでよりよい町にしようというのが、地域福祉のイメージといえよう。一人の子どもを私たちはみんな守っているのであろうか。

ある町での出来事。高齢者世帯を隣人が訪れた。もともと寝たきりのおじいさんの世話をしているおばあさんが、具合が悪いとみえ、床をはいずるようにして食事をつくっているのを見て、すぐに民生委員に知らせた。

民生委員はそれを確かめ、保健所に電話してこの世帯の様子を話し、保健師の訪問を頼んだ。その日のうちに高齢者世帯を訪ねた地区担当の保健師は、おばあさんに「かかりつけの医者がすぐ来てくれるから心配はいらない」と帰されてしまった。

おばあさんは、お上《かみ》の世話にはなりたくない、本当のことを明かすと病院にかつぎこまれるかもしれないという不安、寝たきりのおじいさんの心配とか、いろいろ理由はあったのであろうが、保健所という役所から来る人に対して、「構える」気持ちもあったのではないか。

保健師が、民生委員の家に寄ってその話をしたら、「それはおかしい、医者とはけんかして半年以上来てくれない」と説明された。翌日、民生委員のところに、保健師と世話をしているホームヘルパーとが集まって打ち合わせをした。

その結果、何か事態が変わったら保健師に連絡をする、ホームヘルパーは週四回に回数を増やすように福祉事務所に了解を得る、その間、民生委員か近隣の人の協力を得て様子をみることで相談がまとまった。幸いなことに、おばあさんは間もなく回復した。これがきっかけとなり、大晦日に民生委員が近隣の人と語らい、一軒一皿ずつ、おせち料理を持ち寄り、高齢者夫婦の正月を祝った。

開業医に拒否され、また検診や健康相談の呼びかけがあっても、出かけたことがない高齢者世帯。自分の意思で医療を受けることもなく、町の片隅にひっそりと暮らしている高齢者の病気を近隣の人が発見し、民生委員とワーカーがチームを組んで、高齢者にアプローチしたという事例である。

この背景には、民生委員や近隣の人が絶えず高齢者世帯に心を配っていたこと、民生委員が通報すれば、保健師が訪問看護に出向く態勢が保健所側に整っていたこと、福祉事務所のケースワーカーの了解の下でホームヘルパーがニードに柔軟に応えていること、さらに、何よりも地域のリーダーの発議に対してワーカーが協力する用意のあったこと、という前提条件が隠されていることを見逃してはならない。

地域に深い愛着を抱き、そこから離れがたいものをもつ住民感情を無視して、社会福祉がただ合理的に機能化され、体系化されるのであってはならない。一人ひとりの住民の保健と福祉をいかに守るかの視点を欠くことはできない。言い換えれば、これからの社会福祉は、コミュニティによって支えられるとともに、コミュニティの福祉を守る役割を負うべきではないかということだ。

制度は、人間を無差別平等、一律に扱う。そこには個性豊かな生活者、特色ある地域性を考慮する余地はない。一人ひとりの人間が根づいた風土の上にこそ、新しい福祉の体系は築かれなければならない。これが、日本の社会福祉が直面する課題であり、私の地域活動の反省でもある。

第2節　参加ということ

私が働いている地域福祉施設の実践経験を通して、活動の理念・問題点・課題を語ることにしよう。それが地域福祉の問題を明らかにする分かりやすい手段と思うからだ。

まず、地域活動はどのようになされるものか。

地域福祉活動は、はじめに確固とした理論があり、その理論にもとづいて展開される場合もあるが、どちらかといえば、地域の福祉を高めるための活動を積み上げていくうちに、次第に考え方が固まってくるものだ。私の住む地域社会でいろいろな活動が展開されているが、活動の第一のねらいは、町ぐるみということだ。

地域社会には子ども、父親、母親、高齢者、外国人と多様な住民がいる。高齢者のなかには、ひとり暮らしや寝たきりの人もいるし、老人クラブで活発に活動している人もいる。また母子世帯、知的障害者、身体障害者もいる。このような人びとが特定の地域社会に住んでいる。そして老人クラブ、母子会、子ども会などの個々の機能的グループとして、高齢者は高齢者だけで集まるのが常識的だ。これらの人びとのグループを越えた「出会いの場」をつくりたい。高齢者が子どもと会うように、一種のインターグループワークとして住民が互いに横に手をつなぎ、一定地域に共に住んでいる状態からその地域で共に生きるという、地域社会を本来的意味でのコミュニティにしたい。それには、地域社会の人びとが全員参加しなければならない。その意味で、まず町ぐるみを重視する。

第二に、手づくりということだ。別言すれば、どこでもできる、特定地域でなくどの地域でもできる活動を展開したい。

地域社会には大工さん、電気技師、運転手など、いろいろな職業人が生活している。ひとり暮らし老人の家の台所の補修に大工さん、生活保護家庭の電気修繕に電気技師などと、それぞれのタレントを地域社会の福祉のために十分活用させることができ、福祉への取り組みにおいて町がまとまることが大切である。

地域住民一般は、素人、アマチュアだ。そこに福祉の専門家が登場せねばならぬ場面がある。福祉の専門家の協力が必要な場合は、専門家を地区に招く。当然、行政がなすべき仕事は行政機関が参加する。地域活動のなかに、行政機関も専門家も一般地域住民も一緒になって問題解決にあたる。第一次的に身近に解決できる問題は、地域住民お互いの力を注ぐ。これが手づくりという考え方である。

第三は、地域福祉活動のためには、人材とともに財政が伴う。お金は、人間のなかにある善意と結びついている。お金という形で仲間に加わりたい意志が表される。人びとの心のなかに隠れている善意を掘り起こし、組織化することが必要である。地域の福祉向上にとって必要な資源は、財源も含めてお互いに調達することである。

私の働いている町は、人口四十三万の都市の一部で人口六千人だが、バザーをするときにほぼ六百名の人がボランティアとして協力する。そして、みんなで最低一品ずつ持ち寄り、三千世帯足らずから六千点ほどの品物が集まる。この自分でできる範囲の協力によって、能力、資源は相当の量になる。私の町のバザーは金をつくることのみを目的とせず、協力して町のために汗を流すのがねらいだ。協力して町の福祉向上のための活動をするのが目的で、その副産物として財源がつくられる。

バザーのほかに「助けあいの会」があり、毎月一人百円ずつ金を出し合い、現在それが千五百万円の基金となり、数十万円が活動に用いられている。これを財源として地域社会で手づくりの福祉活動を進める。必要な資源はお互いに調達するということである。

第四に、福祉は「与える、与えられる」関係で成立した。すると、福祉の対象者は、いつも何かを受けるという受け身の立場に立たされる。これをなんとか受け手から自分自身が自分の足で立ち上がる自立の方向にむけ、さらに福祉の担い手にまで変わっていくのが本当ではないかと考えた。

バザーで財源ができ、寝たきり高齢者のための給食活動をする。ひとり暮らし、寝たきり高齢者が対象となる。このひとり暮らし高齢者の半数が生活保護の受給者であるが、バザーにはひとりのボランティアとしてできることをして参加する。したがって、自分たちでつくる財源の一翼を受け手である高齢者が担っている。

参加ということは、何かプログラムがあって任意に加わることではなくて、参加して相互に学びあう。このことを通して自分を変革する。そして、与える、与えられるという上下関係を、受け手であると同時に担い手であるという、ヨコの関係に変えていくことである。

第五に、福祉活動は持続的活動である。地域福祉活動に無理は禁物。一歩一歩、一つひとつ丹念に積み重ね、輪を広げることが大切である。輪を広げるには核が必要で、核が強ければ強いほど輪が広がり、輪が広がると核がさらに強くなる相互関係がある。

地域の福祉活動のねらいは大要、以上五点に要約できよう。

さて私たち自身の地域福祉活動は、きわめて素朴な、たいへん初歩的な活動にすぎない。ひとつの実験であり、模索というのがいつわりのないところ。ここで、私の考えるいくつかの課題を、問題提起の意味で率直に指摘してみよう。

第一に、地域社会で発生した問題の第一次的解決は、まず自分たちで図るといったが、地域社会の住民の力でどこまでできるか。いったいどこまで責任を負うことができ、何ができるか――。実は、私にはこの点がまだよくわからない。その限界が。

第二には、特に第一に挙げたことと行政との接点は、どこに求められるのだろうか。役割、機能の分担、行政と民間の役割をどのようにするのか、という具体的な方向づけを私は十分にもっていない。漠然とした考え方はあっても、持論として固まっていない。そこで、現在、私の町にかかわっている行政各部のワーカーとここ数年ほど、お互いに何ができ、どうすればよいのかについて研究を続けている。

第三に、これも行政の問題ともかかわるが、金も含めて資源も自分たちの町で調達すると述べたが、そうなると公費をどう考えるかという点が、これまた大変不明確である。原則として、地域福祉活動に対し公費は導入されていない。現在のところ地域社会で調達しうる資源でまかなっている。換言すると、それ以上の活動はしていないということである。

そこで当然、行政の責任に属する問題も出てくる。それに公費をいかなるかたちで導入し、その公費と地域社会の自主的財源をどう関係づけたらよいのか、どういう姿勢や考え方で公費を受けるのか――これらが未整理で、煮詰まっていない。

第四に、「受け手から担い手へ」と述べたが、これは言うことは簡単だが、やってみると実に困難なことである。福祉の受け手が担い手になるとは、具体的にどういうことで、どうすればよいのか。例としてあげたように、生活保護受給者であるひとり暮らし高齢者がバザーに、喜んで一生懸命に参加するという程度にとどまっている。これを今後どのような方向にもっていくか。

第五に、私どもの施設は、社会福祉の地域センター、通園センターだが、施設の社会化も問題になる。コミュニティのなかの施設が最近強調されているが、いったいコミュニティのなかの施設とはどういうことなのか。社会化とは施設にとって具体的にどういう意味をもち、それが地域社会にとっていかなる役割を果たすのか。

私は地域社会の福祉センターとして施設を位置づけている。それにしても、地域住民の自主的活動のなかでセンターがいかなる機能をもつべきかということも、私自身の理解は大変不十分である。

第六に、タテ割り行政として、施策がバラバラでタテに地域社会におりてくるが、これを地域社会の広がりのなかでヨコに受けとめようと努める。はたしてタテ割り行政を地域社会がヨコに受けとめうるのか、それを受けとめるとはいったいどういうことなのか、受けとめたうえで行政に何をするのかが、今後の課題ではないか。そのために、地域社会でどのような体制が必要なのかについても論ぜられなければならないだろう。

このようなコミュニティづくりを福祉コミュニティと呼べるかは別として、いわば小地域社会における福祉を創造したいと願っている。

以上のような考え方、活動の進め方で、住民参加は何を意味するのかを考えると、地域社会での福祉活動のなかでの住民主体を明らかにしなければならない。要するに一言でいうと、地域福祉活動とは自治だ。自らを治めること。自治を実践を通して形成することになる。

たとえば、学童保育所などは組織的なはたらき、機能であるからセンターで引き受ける。地域住民と私どものセンターとが一緒にできることがあれば、それは共同で行う。さらに、地域社会のなかに潜在的にある課題なら、これはセンターの専門的な機能を発揮して掘りおこす。そして地域社会に問題を投げかける。投げかけた問題を地域住民は受けとめてほしい。そして一緒に検討しようと呼びかける。さらに、より広域のコミュニティにどのように結びつくのか。あるいは、政策体系のなかでこのような住民主体による地域活動を、どのように位置づけたらよいのかが課題である。

私どものセンターでは、簡単にいうと、地域社会で住民自身ができることは自分でする。解決不可能なことは、私どものセンターで引き受け深めていく。しかし、この過程でさまざまな問題が出てくる。地域社会でまだ顕在化していない問題もあろう。顕在化している問題のなかにも、どのように解決方向を探ってよいかわからないこともある。それを模索し、試行錯誤しながら活動している。

私たちの町で、住民の地域福祉向上への熱意を背景として、①ひとり暮らし高齢者の仲間づくり、②高齢者と民生委員および近隣住民との社会関係を強め、③住民福祉向上への意欲を広げる、という三点を目標として「ひとり暮らし、寝たきり高齢者のための給食サービス」が始められたのは一九七二年の夏のことだ。

ひとり暮らし高齢者の生活の実態を把握するために、民生委員は担当地域を一軒一軒、訪問した。給食に要する費用は、バザーの収益や「助けあいの会」の会費を使い、住民がお互いに汗を流して作った資金で地域福祉活動が展開されている。

ボランティア活動の広がりとともに、老人と近隣社会との親しさは増してきた。特に、ひとり暮らし高齢者に対する近隣の配慮には、温かいものがある。

高齢者にとって、近隣社会は、人間関係、社会集団という点から、他の世代以上に大変重要な生活の場である。しかし、今日の地域社会は、都市化現象で人間関係がだんだん薄くなり、なかでも都市化の著しい大都市や団地では、近隣の人びとがお互いに交渉をもたず、無関心の場合が多い。このことは、高齢者の孤独、孤立化を招くことになる。最悪の場合は、新聞でたびたび報道されるように、ひとり暮らしの高齢者が死後一週間以上も発見されなかった、ということになりかねない。

これを乗り越えるのには、近隣の人びととのつながりを強めて、新しいコミュニティをつくらなければならない。

人はパンなしでは生きられないが、パンのみでも、また生きることができない。老後の生活を保証する社会保障、社会福祉のサービスは大切だが、それらを基盤として老後の生活を豊かにするのには、高齢者自身が「社会のために役に立っている」実感をもつことが必要である。この実感は、社会への参加によって自分のものにすることができる。

社会参加は、社会で何らかの役割を担っている意識、すなわち生きがいの問題とも結びつく。生きがいの問題は、一人ひとりの人生の問題で、役所の立場から「生きがいを与える」ことはできない。しかし、老後世代にとって余暇をどのように過ごすかは、他の世代と違った大切な性質をもつので、個々人の心構えと同時に社会的な配慮も必要となり、行政がそのための条件づくりを担うことになる。

第3節　なぜ地域福祉か

明治時代、五島列島に奥浦慈恵院という養護施設ができた。カトリックの女子修道院が創設したものである。貧しい地域で、子どもが食べるものがなく栄養失調で倒れ、伝染病に冒されて捨てられるなかでの出発で、一番難しい問題は、町に医者がいないことであった。

修道女たちは畑仕事や行商などをして金をつくり、仲間を東京に送って女医、看護師を次々に育て、施設の子どもの面倒をみるだけでなく、地域の人びとの診療、看護にも奉仕した。

ヨーロッパでは、病院は修道院から始まる。修道女が町に出て行って病人を連れて帰り、暖かくもてなした。この修道女のなかから看護を専門的に担う人びとが出てきて、看護師といわれるようになる。患者と看護師が一緒につくりだした社会が病院だ。そこに専門家として招かれた第三者が医者で、その病院はコミュニティによって支えられた。

日本では、蘭学を修めた医者の目標は御殿医になることで、殿様や高級武士を診ても町民を診ない。町医者はごく少数で、貧しい人は養生所に送られた。日本の医療は、上から下へという流れで発達してきた。

そのかわり、薬が大変に発達した。代表的なのが、富山の薬である。富山の薬を日本中の家庭に運んだのは「出職」と呼ばれる行商人たちで、単に薬を供給するだけでなく、情報や文化の伝播者であり、近隣に言えない家族の悩みごとの相談相手としての役割を果たすことさえあった。

この「出職」をもう少し近代的なスタイルでやれないかと、今の医療で考えられている。つまり、まず地域社会で住民が病気にならない健康教育をし、病気になれば応急手当ぐらいは自分でし、そのうえで地域の開業医（かかりつけ家庭医）に診てもらう。さらに精密検査が必要なら地区病院に行く。検査の結果、ガンの疑いありとか要手術なら総合病院に行く。手術後、後遺症が残ればリハビリテーションセンターに通う。再び地域に帰ってくると、また開業医の世話になり、保健所は訪問看護師をその患者に派遣する。

このように、地域社会を中心にして医療を積み上げていく。そして、予防、治療、リハビリまで一貫した系統的な体系をつくる。その場合、患者を全人的に捉え、医療、福祉、労働など隣接分野がお互いに協力し合う。こういった考え方を、プライマリヘルスケア——地域保健医療と呼ぶ。今日、こうした医療をめぐる新しい動きが起きているが、福祉も同じ方向を目指して進んできている。それが「地域福祉」の方向だ。

地域福祉は、きわめて素朴な発想にもとづく。地域福祉はどんな考え方のうえに立っているのか。

第一に、問題をもっている人を福祉の対象として捉えるのではなく、地域の生活者の一人として理解すること。すべての人を地域の住民として理解する。福祉対象者を地域から排除せず、権利主体である「地域住民の一人」として捉える。地域社会は、老若男女が障害の有無を越えて共住する多様性に特色があるのだから、多様な住民の共存を可能にすべきだと考える。

これは、ノーマライゼーションの理念とも合致する。すべての人間は被造物として平等であるとの原則に根ざしている。人間は、住み慣れた地域社会に生まれ、育ち、生涯を過ごしたいと願う。逆にいえば、施設は対象者にとって、人間的に自然な生活場所とはいえないことになる。

第二は、今までは、児童福祉、老人福祉、母子福祉など、問題を系列のなかで把握し、その枠のなかに当てはめて解決しようとしてきた。しかし、福祉の問題は、領域に分ける前に、そうした問題を生む地域の問題として認識するべきではないか。

福祉問題は元来、地域で生まれ、地域に定着しているにもかかわらず、タテ割行政による系列化・細分化のため、地域の次元で個々のニーズへの対応がバラバラになる。

地域が福祉ニーズの「発生の場」であるなら、そこを「解決の場」——少なくとも第一次的に——に、さらに「調整の場」から「予防の場」にしたらどうかというのが、地域福祉の理念なのだ。

第三に、ニードに一番近い所でその解決を図ること。ニードをもった人からみて、問題解決の資源が手の届く所にあるようにすべきだ。

第四に、施設、専門機関、専門家は、ニードをもっている人を待つのではなく、自ら出向き、出前サービスをする。つまり接近という原則である。これは、患者が病院に来られなければ医者が患者を往診するように、ニーズをもつ人が施設でなく在宅生活を希望するなら、ホームヘルプサービス等の機能がそこに出向いたり、グループホームをつくって生活する。

施設で待ち受ける姿勢から、ニーズをもつ人にリーチアウトすることにほかならない。専門機能が住民のほうに接近する（アクセスビリティの原則）のである。それは、住民に生活形態の選択を可能にする方策の一環であり、すべての住民の快適な地域生活を確保するノーマライゼーションの理念の具現化でもある。

しかし、ニーズをもつ人や家族にリーチアウトする場合に、近づきすぎる危険性をいかに避けるか、プライバシー尊重への配慮が在宅福祉サービスの課題である。たとえば、ひとり暮らし高齢者は孤独死から守られる社会権とともに、みだりに生活を侵されない自由権を有するから、その両者の均衡の上に在宅福祉サービスを位置づけなければならない。

したがって、第五に、これが在宅福祉サービスというかたちで表現される。在宅福祉サービスイコール地域福祉ではなく、これは地域福祉の一つの柱にすぎない。

第六に施設の社会化。専門機能をもつ施設と在宅福祉サービスは、相互協力、相互補完の関係にある。それには、住民を主役とした活動に行政の参加を求め、施設と地域を隔離することなく、ニーズをもつ人を「地域のなかの施設」における生活者に変えようと主張する。そこには、地域社会を基盤として、行政・施設等の社会福祉体系の再編成が意図されている。

第七に、行政の姿勢と役割について、三つの点で転換を求める。今の行政は、住民に、何か困っていることはありませんかと御用聞をしない。この申請主義を改めること。次にタテ割り行政をいかにヨコ割りにするか。地域、あるいはそこにおける家族は一つであり、バラバラにアプローチされたのでは困る。さらに、国→県→市町村という中央集権的な流れでなく、それぞれが対等に横に並んで役割を分担していく必要性がある。

そこから、第八として、分権化の問題が出てくる。これは、行政だけでできる問題ではない。分権化は単独ではなく、常に参加、自治とセットで考えられているからである。分権化は、住民がどのように社会参加をし、自治による地域コミュニティをつくっていくかによって決められる。

あらゆる資源を動員して地域福祉ニーズの解決を図る（公私協働）なかで、公私の機能を分担するシステムである。シビル・ミニマムの保障を目標とする行政の環境整備と、ボランタリーな市民的努力とのネットワークの開発が検討されなければならない。

換言すれば、福祉ニーズをもつ人の生活を地域内で可能にする施策を整合・総合し、必要なサービスを提供することと、地域住民の主体的な福祉活動の展開とが相互関連して地域福祉を方向づける。そこには、地域福祉システムの開発が肝要である。

九番目は、住民の生活形態の選択の幅を広げること。施設に入るか、地域でひとりで暮らすか、家族と同居するかは、その本人が自分で決めること。そして、その願いを実現できるような社会的条件をみんなでつくらねばならない。連帯性の希薄な日本の地域社会では、ときには行政主導もやむをえないが、住民の自発性・任意性・選択性と行政の指導性とのバランスに配慮することが必要である。

十番目は、現在バラバラになされているさまざまなサービスを、地域を中心にネットワーク化すること。しかし、地域はその周りにより大きな広域をもっているので、一つの地域だけがシステム化されても機能しない。それぞれの地域でのシステム化と広域でのそれが組み合わされるべきで、広域におけるシステム化――これが総合福祉ということになる。

地域福祉の実現には、行政の分権化・整合化、施設の地域化・住民の社会化――市民意識の自覚と連帯的共同行動――が条件であり、それらを総合的にシステム化する公私協働が前提となることは多言を要しない。私は、これをヒューマン・サービスと呼ぶ。特に、行政の本来的責任、行政と民間の選択、行政と民間の協力、民間の独自の役割を分類して、行政と民間がそれぞれの責任を負いながら、その限界を越えようとする協力なしには、新しい地域福祉はつくられないだろう。

コミュニティの福祉は住民の主体的責任であって、過度の行政介入は避けなければならないが、行政の参加なくしてはその推進は困難である。見方をかえれば、行政の弱点と限界を克服するためにも、地域福祉の必要性と可能性が生まれてくる。

行政は、地域福祉の重要性を認識して発想の転換を図ることが望まれる。それには、行政にとってコミュニティとはなにか、いかにかかわるべきかを検討課題としなければならないだろう。

第4節　コミュニティはつくるもの

石油ショックのあとに登場した「福祉見直し」は、行政責任を「心」の問題にすり替え、日本型福祉が台頭する契機になった、と批判されている。けれども、同時に公私の責任とその限界の読み分けが論ぜられ、ボランタリズムの再評価を導いたことは見直しの一つの成果であろうし、公私協働と分離のバランスによる福祉を目標とする地域福祉の展開がみられるところに、日本の特色があるといえよう。わが国の社会福祉協議会も、また国際的にユニークな組織と考えられる。

とはいえ、低成長の昨今、日本も福祉切り捨ての不安にさらされている点では、決して例外ではない。「福祉元年」と呼ばれた年があったが、ついに今日まで「福祉二年」は到来していない。忘れてはならない事実である。

福祉は、家計に占める食費に相当するといえる。貧しいからと食費を切りつめると、長い間には体力が減退して抵抗力を失い、しまいに栄養失調に陥るように、福祉が国の景気、不景気に左右される限り、目に見えないかたちで徐々に社会の体質が低下するのをまぬがれることはできない。経済第一主義を克服し、公私が協力し、総力をあげて福祉社会を目指した人間優先の総合的な福祉体系の構築と、その政策化を実現することが、日本の世界社会福祉に対する何よりの貢献になるのではあるまいか。

経済の高度成長は、地域の構造的変化をもたらし、生活環境の悪化、生活様式と価値観の変化を生み、新しい福祉ニーズを惹起させた。上下の垂直的関係の経験しかもたない社会では、この急激な変動に対応できない。深刻化する様相の問題解決の方策としてコミュニティ論が台頭し、福祉の分野では、コミュニティケアが論議の的となった。

要するに、第一に、社会変動がもたらした地域社会の変貌に起因する諸問題の対応として、新しいコミュニティ形成に人びとの関心が高まったこと、第二に、福祉対象を施設に収容するよりは家庭と地域で処遇したほうがよいとの理解が普及し、収容主義への反省が現れたこと、第三に、高齢化の進行とともに在宅サービスを必要とする対象者が増加したこと、という三点を背景にして地域福祉が登場してきた。

地域福祉の概念規定は今のところ一定しない。しかし、①地域社会内の福祉行政機関・団体・施設の調整と、住民の自発的な相互扶助体制からなるコミュニティケア、②それを可能にする地域組織化活動、そして、③予防的社会福祉の三者を構成要素としているといってよいだろう。

いまや施設対策から地域福祉への転換、すなわち地域社会を基盤として、施設中心から福祉ニーズ中心に再編成する新しい理念の確立に迫られている。

地域社会は、それぞれ個性と特色をもち、それらを生かした独自の福祉を目指す。総合福祉は、地域ごとに特徴をもち、個別化されていく福祉のなかから、新しいコミュニティを目指して、何を普遍化していくかという課題をもっている。われわれが住んでいる地域の多くは、住民が自治的につくったものではなく、いろいろな機能の複合体であって、それらに受動的に適応し生活を営んでいるのが現実である。

住民は、自己自身のためにのみ存在し、他のすべてのものに対して一種の「緊張の状態」（ゲゼルシャフト）に置かれる。私的領域に逃避し、行動範囲は拡がり、生活は個人化されるなかで、自己の個性と能力の発揮には熱心だが、内側に孤独と不安を宿している。福祉問題に自主的に共同して取り組む姿勢に欠け、社会的ルールも確立していないので、問題解決を外の資源に頼らざるを得ない。食べて寝る場と化している地域で充足できない欲求を、職域集団で満たそうとする。そこでの地域社会は分離を原理とする集合体となってしまう。

このような地域社会で、果たしてコミュニティを形成することができるのであろうか。

大都市でも、最近、定住希望者が増え、整った街並みより人情味ある町への指向が強まり、自治会等への参加度も高まるという変化を示している。住民の福祉意識も「要求」から「参加」への自覚を高め、ボランティア参加者も着実に拡がっている。

問題は、潜在化している福祉への意志を掘り起こし、福祉行動への可能性を顕在化させる哲学・方法論・人材・拠点をもっていないことだろう。コミュニティの形成は、何よりも人間の心の底にある福祉意志への信頼と、その行動化によって起こる人間の可変性への確信から始まる。そのうえで、地域社会の自己変革が要求される。地域が閉鎖的な性格をもつことは否定できないとはいえ、孤立的存在であってはならないのは明らかである。

自己の運命を自分で決定するのがコミュニティなら、そこには強烈な自己主張と自己規制が求められる。それが自立ということだ。

自治は住民の権利だが、それを行使する責任を伴う。自治がエゴイズムから解放されるためには、自分の問題を科学的・客観的に理解する学習的態度と、他地域と協同できる広い視野をもつことが不可欠だ。そこから連帯が育てられるからだ。

地域社会の内面性（＝エートス）を深める求心的作用と、開かれた姿勢を保つ遠心的作用とのダイナミズムの関係によって、地域福祉も新しい展望を見出すことができるのではないか。異なった機能集団の複合体としての機能的コミュニティと、福祉コミュニティとは分けることができないが、その基盤となる住民の統合性（インテグレーション）の形成に、ボランタリーな要素とインフォーマルな資源の組織化が強調されなければならない。

地域福祉は、条件に恵まれた者と恵まれぬ者、マイノリティとマジョリティとが「共に生きる」ことの実践課題だが、それは「自然にできるもの」ではなく「つくるもの」だから、住民の創造的参加と共同行動が基礎となる。

住民を創造的・主体的に参加せしめるもの、「共同」に行動せしめ、共存を可能ならしめる結成力の根源に、地域は何らかの精神的中核を必要とすると思われる。それは、地域の生活を営むうえで「なぜ隣人にかかわらなければならないか」「自分にとってコミュニティとは何か」を提起し、触発してやまない精神的拠点であり、魂に憩いのみならず他者と連帯するパトスを与える原理でなければならない(1)。

第5節　在宅サービスと住民活動

私の発想が、地域福祉や在宅サービスが台頭したヨーロッパを軸にしているのを否定しない。アジアにはアジアの福祉があるが、ヨーロッパの理念と実践から学ぶところは大きいはずである。ヨーロッパは、老齢人口の五～八％が利用できる施設を整備したうえで、在宅サービスを発展させた歴史をもっている。

日本は、過去数年の間に老人福祉施設を二倍に増設したとはいえ、その利用できる率はヨーロッパの何分の一にしか当たらない。これからも、施設の拡充と在宅サービスの普及という、二重の課題を同時に担わなければならないことになる。

とはいえ、量的にヨーロッパに及ばないまでも、質的には日本も施設実践の蓄積を豊富にもっていると自負している。しかし、今までの施設の実績を高く評価しつつも、日本の施設が安住できる状態にあるとは思えない。それどころか、むしろ多くの問題を孕《はら》んでいる。

コミュニティケアや地域福祉に対して、一九八〇年ごろまで、施設関係者の少なからざる人びとが拒否反応を示したのは記憶に新たである。最近の施設関係者の認識が、地域福祉に傾斜しているのは見違えるばかりで、新しい道を切り拓こうとしている。

しかし、施設がコミュニティに存在する意味は何か、施設の社会化はいかにあるべきか、そして施設の固有の機能は何かについては、必ずしも明確に説明されていない。ショートステイ、デイサービス、在宅支援などさまざまの事業が施設との関連で打ち出されているが、その総合化を図り、地域福祉の中核としての位置を確保することが求められる。

昔の日本の施設は、クライエントを外に探しに出て、保護を加え、その費用を得るために再び外に出ていく、リーチアウトの姿勢に立っていたことを忘れることはできない。それが、いつの間にか措置費の充実とともに、クライエントに対して「待ち」の姿勢に変えられている。施設の社会化とは、施設にアウトリーチングの姿勢を取り戻すことを求めている。条件が先行するのではなく、ニードの優先という社会福祉の原則にもう一度立ち戻ることが要請される。

そして、それが新しい時代の施設のフィロソフィーでなければならないだろう。内側の処遇に配慮しながら、外に向かう態度を維持する、求心と遠心のダイナミックな姿勢の確立こそ、社会化を指向する施設の目標とすべき方向ではないか。

団地で同じ棟に住む八世帯の人びとが、話し合いのすえ、物騒なので自衛のために防犯ベルを共同で取り付けた。

ある夜中に突然、ベルが鳴りひびいた。一斉に外に飛び出してみると、一軒だけが現れない。申し合わせどおり、みんなでその家に押しかける。奥さんが急に産気づいて、あたふたしている。一人が「私が奥さんを車で病院に連れていきましょう」と申し出た。あとの留守番のことなど、その場ですぐに決まったという。

この話を読んで、何も自分で妊婦を運ばなくても、都会なら一一九番に電話して救急車を呼ぶほうが衛生管理上も好ましいと思われるかもしれない。たしかに、それが正鵠《こく》を得た知識だろう。しかし、ちょっと立ちどまって考えてみよう。この話に、何か今日の社会福祉が見失いがちな大切なポイントが提起されているのではないか。

専門社会福祉は、適当な機関や施設を資源として活用し、合理的な手続きでニードを資源に橋渡しすることを機能的であると教える。できるだけ短絡を図り、しかも公的責任に訴えるように指導もしてきた。隣保相扶的な対応は前近代的で、権利の否定にもつながると。コミュニティケア消極論も、ここに根ざしているようである。

けれども、社会における人間の生活は、権利保障と合理化だけで割り切れるものではない。団地の人びとも一一九番を知らなかったわけではなかろう。それにもかかわらず「私の車を――」と申し出たのではないか。隣人の情がそう言わしめたというほかはない。

ニードに直面したものは「何か自分にできることはないか」と自問自答を迫られる。電話で通報するだけでは済まされない、何か切実な同情と同一化が心の奥底に動く。ニードを理解し得たとき、自分自身をその対象にアイデンティファイさせたい衝動にかられる。心のふれあいが起こるからだろう。その共感を行動で表そうとする欲求は、人間として自然の姿だと思う。

福祉とは、ニードに対する素朴な、計算ぬきの行動から始まる。この動機を客観的な観察と冷静な判断で方向づけ、組織化するのが、専門集団に期待される役割なのである。

たとえ自己防衛を起点としているとしても、福祉ニードに対する住民の素直な感情、行動への欲求を堆積する努力を無視しては、コミュニティ形成は机上のプランに終わる。そして、そのエネルギーを整序し、「連帯」を広げ、権利意識にまで高め、さらに専門化を深め、制度化に結びつける活動と表裏一体をなさなければ、社会福祉の前進は困難である。隣人と共に生きようとする人間の心情と、福祉行動への意欲のうちに、コミュニティの新しい芽を見つけ出したい。

年齢のせいだろうが、一週に六つの訃報に接した。通夜、葬儀、弔問、弔電、香典と、すぐに仕分けて手を打たなくてはならない。目には見えぬが、私の仕事のなかで、間違いなくある部分を占めている。町内の自治会館の使用は、どんな行事よりも葬儀が優先し、近所の人びとがこれに協力し、多くの住民が焼香に出かける。このしきたりは、今でも生きている。

正月、お盆、七五三、歳暮、そして葬儀と、日常生活のなかで通過儀礼を大切にし、金品を贈り、必ずお返しをする風習は決してすたれていない。ヨーロッパにはみられぬ互酬制の名残りであろう。しかし、結婚式となると様変わりした。結婚会館、ホテルで豪華に営まれるが、昔のように近隣の人びとが招かれて祝福する姿は失われている。その意味では、伝統的共同体から近代社会へ、古いものから新しい形へと移る節目にさしかかっているといえようか。

一方で、隣近所の素朴な助け合いを続けながら、他方、ボランティア活動が登場し、住民参加型サービス、生活協同組合あるいは時間貯蓄制といった新しいスタイルの運動も現れるという具合に、市民参加が次第に広がりをみせている。

互酬制と近代型福祉、さらに伝統的ボランティアと有償型サービスとの間に深いギャップがあり、ときおり、雑音が聞こえぬわけでもない。とはいえ、それほどのあつれきもなく両者が併存しているところに、現在の日本の地域社会の実態があるのかもしれない。

戦後、互酬の共同体を封建遺制として否定し、近代的コミュニティの実現を目指してヨーロッパに追いつくべく力を注いできた。でも、欧米と日本とでは、風土――歴史・思想・文化・宗教――の違いが大きく、目標設定を誤ったのではないかという反省が、私のなかで頭をもたげてきた。

アジアの共同体のなかにたくましく息づいている互酬制――分かち合いの相互扶助――に今ひとたび目を向け、そして日本の地域社会の現実を見直したうえで、自立と連帯の福祉社会を創出する発想に切り換えるのが望ましいのではないか、と最近しきりに考えるようになった。

時代とともにニードが変わるから対応が多様化するのは当然である。その態様はどうであれ、住民が福祉を学習し、理解し、実践に参加するまちづくりを推進する必要を、痛感せずにはいられない。

自分のなかに他者を存在させ、隣人の痛みをともに分かつ心と行動が培われなければ、ぬくもりのある地域社会の形成はおぼつかない。むしろ、両者の間に、有機的つながりを見出すべきなのではないか。(2)

中国の「意中有人」とは、自分だけで占めている自分の意（心）のなかに他者を住まわせることだが、それには「壺中有人」と、壺の中で右往左往しているような私たちだが、澄みわたった青空の天を仰ぐことによって、意中有人が可能にされるということだ。

西郷隆盛は、これを「敬天愛人」と表現したのだろう。

第8章　世界に目を開く

第1節　平和と福祉

社会福祉の国際会議に出席したり、旅行をして教えられ、考えさせられた三つのことについて述べよう。

その一つ。

ドーバー海峡に面した英国の小さな町で、五十四カ国から千四百名が参加して「社会福祉の公私関係」を主題に国際社会福祉会議が開かれた。

カメラで撮りまくった数十枚の写真を毎日会場で即売する、町の写真屋さんがいた。一枚千円なので安いとはいえない。ある朝、疲れた顔をしているので「稼ぎすぎでしょう」と話しかけてみた。「昨夜は救急車の当番で寝られなかったのでねえ」。夏の間、署員が休暇がとれるように毎週一晩、町の救急車を運転するボランティアなので、とさりげなく言う。英国病と陰口をたたくが、町の公園や施設のストックの豊かさとともに、住民のボランタリー活動の厚みを印象づけられた、国際会議での一コマである。

二つ目のエピソード。

二月にインドのボンベイ（現ムンバイ）を訪れた。一千万人の人口をかかえる街で、デリー、カルカッタ（現コルカタ）と並ぶ巨大なインドの広大都市のひとつである。

空港で、待てど暮らせどスーツケースが届かない。結局、翌日まで着のみ着のままで過ごす破目になる思い出を与えられた。空港の近代的システムに慣らされている者の弱点をさらけ出した結果だったのかもしれない。

出迎えの人に案内され、ようやく空港から乗ったタクシーは、日本なら当然廃車になっているような天井の隙間から青空がのぞける小型車で、街に入る三十分ぐらいのあいだ、悪臭が鼻をついた。外を見ると、広場といわず川原といわずボロボロのテントの群れが拡がっている。耐えがたい悪臭の源なのであろう。戦後、都会の焼跡に建てたトタンの仮小屋を想い起こし、みじめな気持ちにおそわれる。

身を寄せ合うようにぎっしり並んでいるテントの周りで、裸の子どもたちが遊んでいる。どこの国の子も同じで、無邪気に遊びたわむれているが、それだけに子どもたちを取り巻く貧しさに、胸を押しつぶされる悲しみと憤りを覚えた。テントの子どもたちが、今日、アジアで大きく取り上げられている「ストリート・チルドレン」にほかならない。アジアの大都市マニラに、ジャカルタに、ダッカに、住居がなく学校にも行けないたくさんの子どもが、街にあふれているではないか。

インドは貧しい国だ。そして、人口も十億を越え世界で二番目に多い。そのうえに、国防・治安対策上、軍備に多額の金を投じなければならない。それはGNPの一四%を必要とし、福祉に使える金はせいぜい一%ぐらい。ちょうど日本の数字と逆になっている。ただし、識字率が六五%とはいえ近年の経済成長は著しく、中国とともに急速な近代化が進みアジアで注目される国でもある。

平和と福祉とは表裏一体で、改めて、戦争せずに社会保障の整備にエネルギーを注ぐことができた、戦後日本の平和の有難さが身にしみる思いがする。ストリート・チルドレンを中心に、アジアの児童問題を対象に、ようやく厚生労働省・全国社会福祉協議会が調査に乗り出し、援助の可能性の検討をはじめている。ぜひ、アジアの子どもの問題に積極的にかかわってほしいと思う。

ニードが膨大すぎて、なす術がないと、手をこまねいていてはいけないのではないか。この子どもたちに対して何らかの方途を講じ、その計画に参加することは、アジア社会にある富める国として、さらに戦争責任として、日本が果たさなければならない役割であるに違いない。

さて、翌日テント村に案内していただいた。車の中で悩まされた悪臭は、テントからというより、そこで暮らしている人びとの生活そのものの臭いだと知った。

そこを訪れたときに見た光景を、私は忘れることができない。

泥まみれになりバサバサの髪をした、五歳ぐらいの裸の男の子を洗っている母親の姿に心打たれた。土の瓶の中から水を手ですくいながら、母親がいとおしむように男の子の体をていねいに洗い流している。そこここに見られる別にめずらしくない母子の姿かもしれない。

二月のインドは乾期だ。川には一筋の水も流れていない。テント村のスラムにとって最大の苦しみは、水がないことである。親も子も、頭上や肩に水がめを乗せて、炎天下往復三十分歩かなければ水はもらえない。

飲む水にさえ不自由している貴重な資源を、惜しげもなく子どもに注いでいる母親の姿。実に美しい——。食べるものも住む家もない、いや、だからなおさら母親のこまやかな愛情が、麗《うるわ》しく光って見えたのであろう。この子にはパンがないかもしれない。しかし、なんと幸せな子だろうと思わずにはいられず、しばらく佇んだことであった。インドは経済的に貧しい。しかし、心の豊かな国である。

経済成長、効率、生産性という尺度では計ることのできない価値が、そして飽食の社会が失った貴重な何かがそこにはあり、経済至上主義にスポイルされている私たちへの厳しいチャレンジと受けとめざるを得ない。

インドの貧しさも、人の多さも、宗教と無関係ではなく、宗教が経済成長のブレーキになっているのは否定できない。けれども、経済の開発よりも大切なものを示すエトスがあり、それを生みだし秩序づける宗教がインドに、そしてアジア社会に深く根を下ろしているのには考えさせられる。

母から子に流れる温かい情愛を、どうすれば横に、社会へ、そして人類へと拡げることができるのだろうか。これは、経済・宗教にかかわりなく、世界が直面する難問なのではないか。

三つ目の話。

国際社会福祉協議会のアジア・太平洋地区社会福祉会議が、シンガポールで開かれたおり、太平洋のある島から参加した人が、「よその国からきたソーシャルワーカーが、この島は貧乏だと教えてくれました。それまで、私たちが貧乏だとは知りませんでした」と発言した。

私は、この言葉にショックを受けた。貧乏とか貧困は、生活に必要なものが足りず、肉体的・精神的に荒廃する状態を指す概念で、それは人びとの置かれた状況で異なり、所得の多少で測れるものではない。

日本は、太平洋戦争で富の四〇％を失い、生産力は戦前の十分の一に落ちたので、戦後、私たちは貧困であった。占領軍を通して垣間見るアメリカの繁栄を羨望の眼で眺めた。しかし、右を見ても左を見ても国民みんなが窮乏していたので、貧困に耐えることができた。貧しさからはい上がるように日本の経済は成長し、世界でトップを争う豊かな国になった。一度豊かさを経験し安住してしまうと、もう昔の貧困には耐えられないだろうと思われる。

経済的豊かさを獲得した私たちは、いつの間にか、「あなたたちは貧乏だから援助してあげよう」と、上から途上国を見下す姿勢になっているのではないか。太平洋の島の人の発言を聞き、私は深い自省の念に迫られた。

美しい自然のなか住民が助け合う共同体で、心豊かにつつましく生活している人びとを、経済発展をとげた私たちが「あなたたちは貧しい」と不遜《ふそん》にも決めつけてよいのか。むしろ、人間の生き方という観点から、私たちはものの豊かさゆえに心が貧しくなったのを、自覚せざるを得ない。途上国は、私たちにとって援助対象であると同時に学ぶべき対象でもあり、そうした態度にこそ真の国際化があると痛感させられる。

貧困に限らず、国、民族、文化、そして福祉も、絶対的なものでなく相対的なので、北欧が福祉の理想郷とはいえない。北欧が高い理想を達成するたゆまない政策的・文化的努力を傾け、福祉社会と呼ばれる社会を築いているのは、人類社会の一つのモデルとして注目すべきだろう。でも、モデルは北欧だけにあるのではない。

アジアには、アジアのモデルがある。戦後、私たちが封建遺制との理由で否定した家族・地域の伝統的な共同体が、そこには今日なお生き生きと息づいているではないか。そして、そこに、経済的には貧しくても心豊かに暮らしている人びとの生活がある。私たちの国は、貧困から脱け出し豊かな社会へと移る過程で、社会保障に力を注ぎ、社会福祉を充実させることができたのを今さらのように思い起こす。

太平洋戦争で、日本は国家予算の半分近くを軍事費に投じて総力戦となったので、国民は食べるものにさえ不自由した。相手国のアメリカは、当時GNPが日本の十二倍ある大国だが、戦争に用いた予算は数％にすぎなかった。

現在、日本の防衛費はGNPの一％、社会保障費は一四％である。インドは経済的に貧しいのに日本の逆になっているのは、一例にすぎない。軍事費に莫大な費用を要するのが、アジア、そして総生産の六％を投じている世界の現実であるのを考えるとき、社会保障の拡大を可能にした平和の大切さをしみじみと思う。

福祉は、平和のシンボルである。福祉を充実させることこそ、平和国家への道であると確信をもって主張したい。それによって福祉の文化が形成された歴史的事実を、私たちは世界に向かって高らかに宣言する責任があるのではないか。

豊かさは、経済開発と社会開発が均衡して発展するときに実現が図られる。残念ながら、わが国の場合、経済成長が急激で、社会保障・社会福祉の発展とのバランスを欠いたので、さまざまな社会問題に直面することになった。

日本が世界で最長寿国になれたのは豊かさのおかげであるのは明らかだが、めでたいと喜んでばかりいられない現象に悩まされるようになった。文明が発達し豊かになったヨーロッパ、アメリカ、そして日本といった国々が、寝たきり、認知症、自殺といった問題で苦悩しているのに注意する必要がある。

第2節　国際化への道

わが国の社会保障・社会福祉は、ヨーロッパをモデルとした福祉国家を目標にしてきたが、その根底に流れるボランタリズムを重視しないまま、今日、福祉コミュニティの創造に苦闘している。過去六十年近く、欧米から援助を受け、制度・施設づくりの影響を受けたが、その背後に隠された精神的・文化的遺産を受け入れるのには熱心でなかった。わが国は経済を成長させ、高い文明を誇っているが、それを支える文化の創造を怠ってきたのではないか。

二国間あるいは多国間で、相互に学びあうのが国際協力の第一のパターンだが、わが国の場合、必ずしも適切に相手国から摂取してきたとはいえないし、相手国に対する貢献は乏しい。国際化とは、自分の国を土台にして、自国の延長線上に外国を位置づけて援助をするか、あるいは自国に利益をもたらし発展させるために都合のよい部分だけを受け入れることだという思想が、私たちのなかにあるのを否定できない。しかも、経済発展に最高の価値を置くので、経済援助が優先し、不可避的に国益を計算することになる。

しかし、国際化とは、世界的視点から自分の国の役割と責任を捉える側面をもつので、できる限り、利他的に相手国の国情に即した交流・援助を図り、受ける側は相手国の理念と行動を理解し、適切に活用して相互の友情を深めなければならない。

アジア諸国の場合、経済に必ずしもプライオリティ（優先権）を置かない文化があることに注意したい。そのうえに、私たちは、かつて脱亜入欧とアジアを軽視した歴史をもつので、侵略・搾取した国々への戦争責任の贖罪《しょくざい》と和解の精神を失ってならない。ということは、豊かだから援助するのではなく、たとえ貧しくなっても罪をあがなう責任を負い続けることを意味する。

中国撫順の平頂山を訪ねた。一九三二年に日本軍に虐殺された四百世帯三千名の民衆のなかから、戦後、七百遺体が掘り起こされ記念堂に納められている。なかには、子どもをかばって抱いたまま倒れた母親の痛々しい遺骨もある。私の魂はおののいた――。

「罪の有無、老幼いずれを問わず、われわれ全員が過去を引き受けねばなりません。全員が過去からの帰結に関わり合っており、過去に対する責任を負わされているのであります(1)」（西ドイツ・ヴァイツゼッカー大統領の敗戦四十周年の演説）。

ドイツが、戦後一貫して、今日なお百五十万人のユダヤ人に賠償金を払い続け、悲惨な過去の歴史を福祉復興の基盤としてきたことに目を注ぎたい。

日本の政府開発援助(ODA)は社会福祉に対しては消極的で、国内にある現在約三百のNPO団体への政府援助は、欧米の二十分の一にすぎない。もちろん日本のNPOの歴史は浅いが、期待される役割は大きく、NPOをどう育てどう支援するかは、今後の宿題である。

豊かな社会には豊かな生き方が求められる。ヨーロッパでは、富める者は相応の社会的義務を負うという、ノーブレス・オブリッヂ（貴族の義務）の思想が慈善事業を生み、社会福祉を発達させるエネルギーになった。私たちは、戦中・戦後の貧困だった時代には、貧しさの哲学をもっていた。それが短期間に豊かになったからか、残念ながら、いまだ豊かさの哲学はつくられていない。

国際的な援助・交流・協力を通して、相互にふれあい、違いを学習し、理解し、信頼しあい、それを行動に現す。すなわち、異質性の認識・受容によって互いに成長し、共存し、そして文化が変えられる。これをアカルチュレーション（文化受容）と呼ぶ。これが国際化の方向なのではないか。

国際協力の第二のパターンは、開発国が途上国を援助することだが、援助する態度は、謙虚かつ慎重に、しかし援助の内容は積極的で大胆であってほしい。

日本は、世界でも有数の経済大国で、国際社会にいかに貢献するかを問われる。人口では、米国と日本を合わせると世界の七％にすぎないのに、ＧＮＰ（国民総生産）では四二％を占める。それにＥＵ（欧州連合）を加えると、わずか一三・五％の人びとで、実に世界のＧＮＰの七〇％を超えている。

富裕国と途上国との格差は、この三十年間に二倍に広がり、上位二〇％と下位二〇％をとると、所得格差は百五十倍にも達する。一人当たりのＧＮＰが最も少ないのはモザンビークの年間八十ドルで、世界一のスイスの三万三千六百ドルとの差ははなはだしい。途上国では、無政府状態、貧困、天災、難民、人口爆発と、困窮する者が激増している。富裕国としての責任が食糧援助のみでは果たせないのはいうまでもない。

日本のＯＤＡは、最近まで米国を抜いて世界のトップに立ったときが続いたが現在は五位にとどまっている。円に換算して一兆二千億もの巨額の資金が途上国支援に使われた。それなのに、八〇年代から国際的にＯＤＡ批判が盛んになり、大規模プロジェクトによる環境破壊、日本企業主導による事業の推進などが指摘される。

もちろん、ＯＤＡに代表される経済援助も、資金による貢献にとどまっているのではなく、技術協力などの人的貢献も果たしている。アジア大都市で、日本が供与したごみ収集車が、完全にごみを内部に集積する構造で、道路事情が悪くてもごみを外部に落とさないで運搬できるので感謝されている例を知っている。ODA額が世界上位になり、日本の援助が途上国の経済を左右するほどの重みをもつことを、自覚したいものである。

NPO非営利団体に期待されるのは、草の根レベルの国際協力活動の豊富な経験を生かして、各国の経済や社会背景、異なる文化・言語・価値観をもつ人びとと、日本国内の行政、教育、福祉などの関連機関・団体との橋渡しをする、触媒・媒体としての機能だろう。

国際協力活動の共通理念は、地球の平和と繁栄に寄与することだが、現実は各国とも国家主権を尊重し、社会保障も国民国家において自国の国民を保護する仕組みなので、グローバルな地球市民であることとの間に矛盾と葛藤が生じている。だからこそ、国際協力の底流に普遍的な人間的連帯を深め、全地球的な課題に対する全体的責任を負う努力を積み重ねていく必要がある。ODAもNPOも、その役割の一端を果たすことを意味していることを認識すべきである。

これから、かつてなかった多文化・多民族の共生という時代を迎えるが、異文化・異民族とともに生きる価値観、人間としての思いやり、違いを認め尊敬しあう、広い意味の福祉の心にもとづく生き方が求められる。豊かさを問い直し、経済指標だけでない心豊かなあり方を創造することが、これからの日本のNPOにとって大きな検討すべき問題といえる。

社会のなかで自分がどこに立っているかを判断するのが難しいのと同じく、世界のなかでの日本の福祉の位置づけを理解するのは容易でない。社会が激しく動き、時代が急速に移り変わるからではない。いかに努めても、自分を中心に据えて世界をみようとするからにほかならない。客観的にと心がけても、自分の属する集団には自己肯定的にならざるを得ないものだ。自己が置かれた状況を見極めるには、座標軸の設定が必要となろう。自国とその歴史をタテ軸とし、世界の福祉の動向をヨコ軸としたらどういうことになるだろうか。

東京で開かれた一九八六年の国際社会福祉会議では、日本はめざましい国際社会への貢献について各国から高い評価を受け、自信を深めたが、自己満足は禁物である。東京会議のおりにも、南米の貧困の原因として日本の経済発展が指摘され、アジアの森林伐採の理由は、日本に箸《はし》を輸出するためだと批判を浴びたことを見逃すことはできない。日本経済の目標は、ヨーロッパに追いつくことにあった。今やヨーロッパに追いつき、追い越した。そのとたん、日本タタキが起こって貿易摩擦となり、そして目標喪失に直面している。

福祉はどうだろうか。やはり「ヨーロッパに追いつけ」を合言葉にしてきた。ヨーロッパを視察した福祉関係者のなかには、「もはやヨーロッパに学ぶものはない」と豪語する人が少なくない。はたしてそうだろうか。表面的にみれば、ヨーロッパにひけをとらぬほどに、日本の福祉は、制度的に、また施設整備において充実してきた。それではその内実はどうか。

市民の意識・態度、ソーシャルワーカーの専門性と倫理性、施設の役割、地域システムの整合性、政策の総合性、特に歴史の厚みとフィロソフィーにおいて、日本はまだまだ貧しいと言わざるを得ない。日本は、南と北、東と西の接点に位置して、架橋的役割を果たすことを期待されている。期待に応えるには、まず自らに厳しくあらねばならぬだろう。

科学が発達し、文明が高度になった結果起こったのが、広範囲に放射能汚染をもたらしたチェルノブイリ事件であった。平和や環境、そして貧困や人種の問題は、国という枠を越えた課題として広がっている。この課題を克服しない限り、人類は破滅の危機に立たされる。まさに、ボーダレス時代を迎える。国境のないボーダレス時代に一つの国を越えてものを考え、ニードに対応するグローバルな視角が求められる。宇宙飛行士の「地球に国境は見えなかった」という言葉は象徴的だ。

にもかかわらず、依然として、戦争・内乱・核兵器・民族対立・環境破壊・貧困・エイズ・難病……と人類は苦悩している。

そのうえ、科学の進歩によって、私たちはかつて予想することもできなかった深刻な問題に直面することになった。男女産み分け、胎児チェック、冷凍精子保存、体外受精、代理出産、遺伝子組み換え、脳死、臓器移植、ホスピス、尊厳死、安楽死……今まで耳にしたことのない術語が、次から次へと私たちの前に投げ出されている。これは、人間の生存の根幹にかかわり、いかに生まれ、いかに生き、いかに死ぬかの実存の問題にほかならないが、社会福祉はこれまでこの論議を避けてきた。

最低生活を保障し、生きることに力をつくしてきた社会福祉は、ただ生きるのではなく、いかによりよく生きるかの課題を追究し、より高い、より深い人生に道を備えなければならない。しかも、開発国であると途上国であるとを問わず、このような全地球的な現象に協同して取り組むことを求められている。わが国がいかなる役割を担うべきかという国際的責任が問われていることを、知らなければならぬのではないか。

第9章　ヒューマン・サービス
――新しい文化を拓く(1)

第1節　和解の恵み

戦後、フィリピンを訪れたときのこと。教会の本部でビショップ（司教）に「教会で明後日話をしてくれないか」と言われ、「喜んで」と応えた。すると、「実は農村にある小さな教会で、その村は日本軍に焼き払われ、多数の村民が虐殺された所です」「よろしいですね」と。私は内に戦慄に似たものが走ったが、引き受けた以上「参ります」と答えた。

マニラから友人のジープで二時間、死の行進を日本軍が強いたバタン半島にある、パンパンガ地区のサンタカタリナという貧しい村であった。竹で編んだ教会堂で、窓にガラスは入っていない。教会堂の後ろから牧師に先導されて中に入ると、百二十人くらいの人びとがくるっと後ろに振り返って、私は睨まれたような気持ちになった。

講壇に立ち、「日本から来た阿部です」と自己紹介する。牧師が私の英語をパンパンガ語に訳す。なぜか分からないが会衆が微笑みを返してくれ、私は緊張を解かれた思いで、戦争責任を詫びた。話が終わって牧師が、「あなたは戦後、この村に来た初めての日本人です」「私たちが会った軍服を着ていない最初の人です」「あなたが来ることを知らされて、何か起こらねばいいがと秘かに心配してましたが、あなたの名前、阿部《アベ》というのは、パンパンガ語で、フレンド、友人という意味です」「今朝はあなたを日本からのアベとして歓迎します」と語った。会衆が総立ちになり拍手で迎えてくれた。

終わってから、竹で編んだ床の上に円陣をつくって、その地方の食事をご馳走になり、和やかなひと時を過ごした。

帰りに友人が、「おまえの名前がフィリピンと日本の橋渡しをするとは不思議だなあ」と言うので、「中学のときから名簿はＡＢＣ順で、私はＡＢＥだからいつも一番先。そうすると先生が一番最初に『立って読め』。指す。外国に行ってもたいてい一番で不利なことが多い。嫌な名前だなと思っていたが、阿部という名前が世界で一番祝福された名前だと今日分かったよ」と、応じた。

これは私にとって和解の体験であった。和解は、一つは神と人間の間に起こるもので、神の罪の赦しということだ。米国に留学をしているときに、禅の大家である鈴木大拙に会い、私の部屋に二回来てくれ食事を共にしたことがある。鈴木大拙の講義は、重々しい、ゆっくりした、しかしきれいな英語だった。講義が終わって学生が質問をした。「オリジナル・シン（原罪）とは何か？」鈴木大拙はその質問した学生を指して、「あなたがそこに存在することが原罪です」と答えた。禅問答のようだった。学生はしゅんとして声なし。人間存在そのものが罪。それが赦される。それが和解である。

もう一つは、人と人、国と国、民族と民族の間に起こる事柄でギルト（guilt）と表現される、社会的な罪。私は戦争っ子で、小学校に入ったときに日本は戦争に突入し、青春時代は戦争で明け暮れた。戦争が終わっても外からの情報はなく、外国にも出られない閉塞状態のなかで戦争の被害者だと思い込んでいた。しかし、アジアの国々を訪ねると、韓国、シンガポール、インドネシア、マレーシア、スリランカと、どの国にも戦争の爪痕が残っている。中国の平頂山に、日本軍が虐殺した、七百体の遺体が展示されていて、震える思いがした。

しかし、なんといっても私にとって戦争責任を実感させたのは、沖縄で摩文仁《まぶに》の丘に立ったときだ。当時、各県が慰霊団を沖縄に送って、自分の出身県の戦死者だけを慰霊し、十五万もの沖縄県民の慰霊をしていなかった。日本の軍隊が守るべき県民を自殺に追い込み、軍隊自身を守ったと聞かされた。私も自分で志願して軍隊に行ったひとりとして、軍という組織の罪を思った。組織化された戦争責任を強く思うようになった。私にとって和解は、戦争の被害者が加害者を許すことであるが、それは神の計らいのうちに起こったという内的体験であった。

沖縄の波照間《はてるま》という一番南にある島に、戦争中に日本軍が千五百人の島民を強制的に疎開させた。疎開先は、西表《いりおもて》の南風見《はえみ》というきわめて不便な海岸であった。疎開は波照間に残った千二百頭の馬と牛を軍隊が欲しかったからだと言われている。

南風見に疎開をした人びとにマラリアが拡がり、約三分の一の人びとが命を落とした。そのなかに五十五人の学童がいた。この学童を引率したのは識名信升《しきなしんしょう》校長で、南風見の海岸に波照間に向けて石を置き、「忘而石　ハテルマ　シキナ」と十文字を記した。今は立派な記念碑になっている。責任をもっていた学童が、次から次へと死んでいった。しかし、校長の自分は生き延びたという痛恨の思いを込めて、この石を据えたのであろうか。

沖縄で「ちむぐりさ」という言葉を知った。「ちむぐりさ」とは、「肝が苦しむ」の意という。識名校長の肝の苦しみが、この石となって置かれたに違いない。

聖書では「憐み」という言葉がたくさん出てくる。憐みとは、愛のこと。この憐みがただ一カ所だけ、エレミヤの三十一章に、文語体の聖書で、「是をもて我が腸かれの為に痛む」という言葉で出てくる。「ちむぐりさ」ではないか。健康な者が病者に対してすまない、恵まれた者が恵まれない者に対して申し訳ない、戦争で死んだ友人に生き延びた者として立つ瀬がないという、その苦しみを、「ちむぐりさ」と表す。

英国の社会保障を立案したベバリッジは、社会保障を達成する社会制度としての側面に並んで、ボランタリーアクションを強調したが、そのなかで「英国でボランティアをしている人びとの数は多い。しかし、ボランティアをしない人びとも決して少なくない。そのボランティアをしていない人びとが、ボランティア活動をしないことに対する罪意識をもっている」と指摘した。大事な言葉だ。ボランティアはしてもしなくてもいい活動だが、ボランティアをしないことに罪意識をもっているというベバリッジの言葉は、「ちむぐりさ」につながっている。

ある銀行の頭取がロンドン支店長のとき、財界人夫婦のパーティーでの夫人たちの話題がボランティア活動で、頭取夫人が「ボランティアをしていないのが恥しいと活動を始め、私も巻き込まれて出かけましたよ」と述懐した。

英国エリザベス女王の母親（皇太后）が皇后時代、世界大戦中、市民と共にいたいと疎開せずにロンドンに留まった。王宮も爆撃を受けた。「これで私は市民に顔向けができます」と新聞記者に語っている。

友達を戦争でなくし、悲嘆する。しかし、聖書から「頭をもたげよ」「起きて立て」という声を聞く。そして、そこに和解が起こる。恵まれた者が、恵まれない者に対する罪意識を孕んでいるのが福祉の心で、福祉は贖罪と業と考える。和解は、罪の赦しの豊かさを示す。

靖国神社は戊辰戦争の戦死者を祀ることから始まった。ただし、官軍の戦死者だけ。西南の役も同じで、官軍の戦死者だけを祀った。西南の役に負傷した官軍だけ手当てをし、賊軍の負傷兵は置き去りにした。これを見て「負傷した兵隊に敵味方はない。すべて我らと同じ人類の一員ではないか」と立ち上がったのが佐野常民だ。ここから日本赤十字が始まっていく。この平和の思想を伝えているのが沖縄の礎、沖縄ではイシジというが、二十三万九千八百一人の名前が記されている。そのなかには、アメリカ一万四千人、北朝鮮八十二人の名前も記されている。沖縄で死んだ敵味方を問わず、軍人・民間人の区別もなく、すべての人の名前がそこに祈念されているのは世界でも珍しく、私は平和の象徴であると思っている。

第2節　摂理としての出会い

私は実にたくさんの人びとに、長い人生のなかで出会い、育てられてきた。私を社会実践に押し出した宗教家のジョン・ウェスレイは、十八世紀の人物。信仰的な意味で私の心に刻まれている。メソジスト教会の開祖者で産業革命に大きな影響を与えたと、マックス・ウェバーが論文「プロテスタントの倫理と資本主義の精神」で指摘している。単一教派として米国の最大の教派になっている。

戦争が終わって価値観が急変し虚脱状態に陥っているときに、上田辰之助教授の本を読んで、

「私の求むる師はこの人なり」と大学で三年間、その後亡くなるまで合計十年間、師事した恩師で、人間的に思想的に深い影響を受けた。ここから学んだひとつが、コルプスという概念である。身体という意味で、ここから連帯の思想が生まれた。自立と連帯を私の社会福祉思想の中核とするようになった。

上田教授に奨められて読んだ本が、アーノルド・トインビーの『英国産業革命論』。トインビーは若くしてセツルメントの実践のなかで死んだ経済学者で、私はトインビーが死んだ年齢に大学教員を辞め、実践の場に出た。このトインビーから、私はセツルメントに対するこだわり、コミュニティに対する関心を植えつけられたことと、社会変革は、社会意識の変革なくしてできないという思想を受け継いでいる。トインビーは、現場で実践してきた私にとって、心の郷里といえる。

そして、井深八重という看護師さん。ハンセン病の療養所で出会い、実業界を志望していた私の人生を福祉に方向転換させた女性である。宮沢賢治が「世界全体が幸福にならなければ人間は幸福にならない」と言ったが、私が井深から学んだのは、「ひとりの人間の幸せなくして社会の幸福はない」という思想で、私はそれを継承している。

この井深八重の働いたハンセン病療養所の院長が岩下壮一で、東大の哲学を銀時計（主席）で卒業し、ヨーロッパ留学中に神父になり、ハンセン病療養所の院長になった。同時に哲学、神学で数々の本を残す。岩下壮一の父親は北浜銀行の頭取で、有名な財界人であったが疑獄に連座した。この父親、岩下清周の葬儀の席で、葬儀を司った息子の岩下壮一が「私は生涯妻帯いたしません。病者に仕えて自分の身を捧げます。それによって父親が犯した罪を贖うことをお許しいただきたい」と述べた。神と人というタテと、人と人というヨコの関係が切り結ぶ和解の地点で、福祉の世界に身を投じたひとつの人間像である。

四人目のトムソンは米国留学中に会った人で、横須賀の自分の施設の仕事を私に継がせようと、私を説得し続けてくれた。私は優柔不断でなかなか応えることができず、五年後にようやくトムソンの後を継ぐことになった。私たち夫婦にとって、トムソン夫妻は親のような存在であった。このトムソンは、戦勝国のアメリカから戦敗国の日本に、原子爆弾のゆえに戦争責任を抱いて日本に来た人である。当時のアメリカで、戦争責任を日本に抱いた人が何人いたか。数少ないひとりだった。ベトナム戦争になりたくさんの難民への救援が必要になったときに、トムソンに救援活動の参加の呼びかけがあった。身体も少し弱っていたので私は反対した。みんな反対した。なかには軍事政策に加担するなという反対もあった。反対をした私たちに対して、「神様の召しです」とひとこと言いおいて、七十歳にして夫妻でベトナムの戦場に赴いた人だ。calling（召命）とは何かを私に示してくれた人物である。このときのことは胸に焼きついていて忘れたことがない。こういう人びとに出会って私の人生は豊かにされた。

自分の全人格が揺り動かされ、支えられる。そういう意味で、出会いという。出会いが起こるのに、四つの解釈がある。一つは偶然。偶然から偶然へという、偶然の重なりにおいて、確かに人間の出会いは起こる。第二には運命という解釈。運命とはあらかじめ定められていて動かせない。宿命となると諦めざるを得ない。黙って受け入れるのみ。ただし、運命的出会いという肯定的表現もある。第三の解釈は縁。仏教的な縁起で、運命の巡りあわせにたまたまそこに自分が居合わせ、縁が結ばれるという解釈。もう一つが、摂理で、人間を超えた神の計らいによって出会いがあったと解釈する。出会いは私にとっては摂理であった。

一九六二年、トインビーの墓を探しに英国に行ったが、見つからない。墓を見つけたのは一九六五年。私にとっては感激の一瞬であった。ふと我に返った。外国人の墓を三年もかかって見つけながら、自分の家の墓はどうなっているのか……。行ったことがない。初めて青森県にある自分の家の墓に出かけた。先祖十四代が葬られている。寺の住職に、「あなたのお父さんはここに入れませんよ」と言われた。私には仏教の素養がなく、分家の父親がそこに入れないことを知らないので、ショックを受けた。このときから、日本の家の問題に関心をもつようになった。

家とはいったい何なのか。「家、家にあらず、次ぐ者をもって家となす」思想で、一代では家とはいわず、何代も継承された家族のことを日本では家と言う。家の問題がクローズアップするのは、凶作、飢饉、あるいは災害に襲われたときで、誰がこれを継ぐか、家族、家をどうするか、非常時に対応するときに家の問題が出てくる。凶作で平年作の十分の一しか収穫がない、食べられない、犠牲者を生まなければならない。「働かざる者、食うべからず」の原則がまず働く。働く能力のない者が、まず犠牲になる。そして、分家が先に倒れて本家を残す。本家では長男を最後に残さなければならない。これが家の目に見えざるルールで、その過程において働けない人間を排除する。

第3節 「血と土」を超えて

長崎の出島に初めて行ったときに、日本語と英語の案内板があり読み比べると、英語版に日本語に書いていない一行を見つけた。そこにあった言葉は、「出島をつくった理由は混血児の発生を防ぐため」。日本文にはない。これが本当の理由かと思った。違う人間、外人、異人と日本語は呼んできたが、異人を排除しながら家を守ってきた歴史が語られている。

今、世界が直面している問題のひとつは難民で、昨年、米国で二万人、フランス二・二万人、カナダ一・二万人、神奈川県の人口の半分にも満たないニュージーランドは千二百人の難民を、難民条約によって受け入れている。日本で去年、受け入れた難民は、九百五十四件の申請に対して三十四人。

こうした家が、社会的な構造的広がりをもっている。つい先日、節分で豆撒きをした。「鬼は外、福は内」と。うちとよそを区別し、うちの外側はよそ者で、「敷居をまたげば七人の敵」と昔から教えられてきた。さらに、「運動会　抜くなその子は　部長の子」という川柳は、子どもでさえ部長の子は抜いてはいけない。分を守り、和を乱してはならない。「赤信号、みんなで渡れば怖くない」という和と分の一種の集団主義がそこからは生まれてくる。

家を継ぐ長男には義務が課せられる。それは墓を守る義務で、長男はその土地を離れることができない。墓のある所が古里で、正月、お盆に何十キロという車を連ねて古里に帰る。昔からユダヤ人はイスラエルに向けて墓を建てると言われているが、米国に移民をした日系人たちも故郷に向けて墓を建ててきた。故郷は成功すれば錦を飾り、失敗をすれば出直しに帰る所。帰るべき所なのだ。ハンセン病の療養所全生園の患者会の会長、平澤保治さんが言われた。「近ごろ講演の申し込みが多く、学校や公民館に行くんですよ」「どこにでも行きます、世界中どこにでも今は行けます。ただ一つだけ行けない所があるのです。故郷です」と。

私は日本の福祉の問題は、家族、故郷という「血と土」にあり、この血と土を超えることこそ、福祉の課題ではないかと考えるようになった。そうすると、自然に眼はヨーロッパに向いていく。近代化されたヨーロッパが目標になった。

五十二年前に、横浜で、マリアンヌちゃん事件が起こった。スウェーデンとアメリカ人の混血で、両親が亡くなってマリアンヌが独り残され、日本は養護施設で引き取るのだが、スウェーデンからこの子を引き取りたいと申し出があり、どう揉めたのか、横浜地方裁判所で裁判になった。裁判の席に参考人として出廷したスウェーデンの領事が、「スウェーデンには一人の孤児に対して養育を希望するボランティアが百人おります」と驚きの言葉を述べた。百人の孤児に一人ボランティアが日本ではいるかいないかという時代だった。

現在、子どもの施設に入っている子どもたちは約四万人で、里親に引き取られている子どもは三千四百人になっている。スウェーデンはどういう国かと思った。スウェーデンで見たのは、たくさんの難民を受け入れ、皮膚の色が違う黒人の子も何の差別もなく、地域に守られながら子どもが育てられている姿であった。電車に改札がない、なのにきちんと切符を買って乗る市民にふれ、「福祉国家は市民社会を基盤にしてはじめて成り立つ」ことを、私は学ぶことができた。

米国のミシガンのある町にしばらく滞在したが、人びとが家に鍵をかけない。一晩中開けっぱなし、車も鍵をつけっぱなしで持ち歩かない。ニューヨークやシカゴのような大都市では人びとが鍵の束を持ち歩き、ビルのトイレさえ鍵がなければ入れないのに。

日本は、血縁、地縁を頼って移民をした。親族、あるいは同じ土地の人びとが一緒に移民に出た。ミシガンの町の人びとは、コングリゲーション、すなわち教会を単位として移民をして来たオランダの人びとであった。教会というひとつのコミュニティがそのまま移ってきて、地縁、血縁はまったく関係なしという町であった。

英国で、ある障害者施設の施設長と話をした。話題がたまたま宗教に及び、その施設長に「あなたは当然、教会で洗礼を受けていらっしゃいますが、毎週教会に行っておられますか？」と聞くと、「行ってない、行かない」と言う。「なぜ行かないのですか」と聞くと、教会の批判をいろいろとあげた。「あなたは教会に行かず、教会を批判する。それでは教会を否定するのですか」と聞くと、「とんでもない。教会には行かないけれども、教会がこのコミュニティにあるから私は実存できるんだ」と、大変意味深い言葉を吐く。私たちはヨーロッパ教会の出席者の減少をみて、教会の弱体化と噂してきたが、その内実を数で測ってはならないことを教えられた。そこに福祉国家、あるいは社会保障が発展をした精神的背景があると思わずにはいられなかった。

第4節　アジアに学ぶ

一九八〇年代に入り、私はアジアの福祉の代表に選ばれ、それから数年かかってアジアの十六カ国を巡る機会を与えられた。そこで何を学んだか。まず、アジアには共同体があること。ヒンドゥであれ、ジャイナであれ、イスラムであれ、仏教であれ、キリスト教であれ、宗教に根ざして共同体がたっていること。その共同体は、お互いにお返しをする互酬制が生きていること。そして、そこに独自な文化がつくられてきたことである。

日本はODAで、アジア諸国に多額の援助をしている。日本の不満は援助した先の国々が充分にお礼を言わないことなのだが、アジアの国々からみると、日本に援助する機会をわれわれは提供している、与えた者と受ける者とが共に恵みにあずかる。これがアジアの考え方、文化ではなかろうか。

私はこのヨーロッパとアジアとの間で葛藤をしてきた。ヨーロッパ文化とアジア文化の、どこをどう交錯すればいいのか悩んだ。そうしたなかで、次第に日本の風土に身を置いてグローバル化を図るべきだという考え方になり、私なりのコミュニティケア論を提唱した。

私のコミュニティケアにはいくつかの柱がある。

一つは、戦後の社会福祉は公権力による措置で、これは行政処分である。民間はまったく下請け事業に終始せざるを得ない。そのために幸いに財政は安定したが、何よりも公権力による保護により、住民が対象化されることに危惧をもった。対象として、ひとつのケースとして、扱われているのではないか。この対象化される住民を、いかに利用者主体に切り替えることができるか。

ひとつの事業をしようとすると、関連をした行政が分かれている。児童、母子、老人、あるいは障害というふうに、年齢によって、分野によってタテ割りで、福祉を総合する意図はまったくない。これは民間の側からみると住民が分断され不都合なのに、逆に行政依存の姿勢が強くなってきた。行政に依存するのではなく、行政がいかに、巨大な資源を持っているにせよ、それはコミュニティからみれば資源の一つではないか、行政に住民が参加するのではなく、行政がコミュニティに参加すべきだという考え方をとる。施設はどうしても自己防衛、守りの姿勢になる。

第二に、私はregimentation（固定化）という言葉を使うが、ニードより経営を優先せざるをえない。もう一つは、社会が施設に依存をすると隔離というかたちをとる。これが施設主義だとすると、いかに克服するか。

そして、システムの変革は、住民の意識の変革を伴わなければ意味がない。そこで必要なのは、参加と自治、分権。私は民間のなかにいたので、行政を何か対立的に捉えるところがあった。あるとき神奈川県の課長から諭された。「行政は、地域全体をいつもみている。何をしなければならないか、何が必要かを見定める」「必要なところには金を出す。あなたの所は必要だから、金を出したい、受け取るか」と詰め寄られた。私は初めて行政に対して目を開かれ、このときから、さまざまな行政の政策立案に参加するようになる。

そして最後は社会福祉基礎構造改革で、その参画は非常に有意義であった。ただし、基礎構造改革は、上部構造に終始し、下部構造を詰め切れなかった。ここが今日の、障害者の自立、あるいは生活保護をどうするかという問題になってきているので、これにどう取り組むかが課題として残されている。

一九七六年にワシントンの保健社会福祉省を訪問したときに、ヒューマンサービスを知ると同時に、コミュニティについて学んだ。老人福祉担当の局長が、「米国は連邦制なので、州・市町村という自治体を尊重し、自治体の提案・申請にもとづき政府はこれに協力する。児童福祉に欠けていると住民が判断すれば市長に申し入れ、市長の政策判断により政府は助言し補助をする。社会福祉は、政府が決めるのでなく住民が主体となる。それがコミュニティというものだ」の説明は、私の心に響いた。

日本でいうと秋田県の大潟村の場合をあげよう。八郎潟を政府が埋め立て、大潟村という大型営農のモデル村をつくり、三千三百人が応募し入植した。人びとはいっさい地縁・血縁関係をもたない、見ず知らずの人が全国から集まって、村づくりをした珍しい実験でもあった。平均年齢三十七歳の住民が、全員墓を建てていた。墓を建てるとは故郷を捨てることで、地域を自分たちの手でつくろうという意思表示なので感銘を受けた。私はここに大都市、あるいは団地という社会も、その延長線にあるのではないかと思った。

もう一つ。長崎県の外海という町にあるキリシタンの墓。遠藤周作の『沈黙』の舞台でド・ロ神父が村おこしをした町だが、観光客はこの小高い丘の墓には登らない。私にとっては実に感動的で二度行ったが、この墓には死ぬと順番に葬られた。家族、地位、職業、身分、まったく関係なし。次から次へと埋められ、一巡すると、新しい人はまたその上に葬られてきた。そういう石積みの、実に素朴な墓が数十並んでいる。こういう墓が日本にあることに驚愕を覚えた。

互酬という言葉を先に使った。葬式に行って香典を出し、香典返しをちょうだいする。結婚式に祝儀を出すと引出物を渡される。農村では田植のときに手伝うと、刈入れは手伝ってもらえるという習慣が生き続けている。互酬は、前近代的だと私は否定する気持ちが強かった。心変わりしてちょうど十五年前、互酬を大事にしようと提言したのが実は中央社会福祉審議会の席上で、「あなたは変わったのか」と言われた。

互酬を私は大事だと思うようになった。互酬は、アジア社会に学んだことになる。これは顔見知りの間におけるお互いの相互扶助で、福祉ではない。福祉は、見ず知らずの人に働きかけるが、互酬は、知ってる者同士の行為なので、どう普遍化するかが課題となる。

北海道奥尻の震災のときに、特別養護老人ホームの一人の年寄りが義援金を差し出した。「私は関東大震災で助けられました。これはお返しです、奥尻に送ってください」。七十年前に助けられたことを忘れなかった。お返しをしたい。お返しをする先は、互酬なら助けてくれた当事者だが、関係のない奥尻に送ってください。ここに私は互酬の普遍化の可能性をみた。買血から互酬制、そして献血になり、約七百万人が参加している。ボランティア貯金は、二千四百万件で、まさに普遍化が広がっているといえよう。

アジアには、入国審査のときに宗教欄を書かせる国があり、宗教欄に「無し」と書き込むのは日本人だけなので、日本に宗教はないのかと疑われている。無宗教は一つの立場であるが、無宗教という人びとが、この正月に九千万人初詣に行った。自分を超えた世界に祈りを捧げるのを多くの人びとが経験をしているところに、現代社会の不安を示しているのであろう。ただし、初詣で多くの人びとが安心立命、商売繁昌を祈願するが、「隣人」が欠けていないか。自分と自分の家族の幸せは願うが、隣人の幸福、世界平和を祈れる人がどれだけいるのであろうか。

私はあえて宗教とは言わない。日本にきわめて宗教的な土壌がある。江戸時代、ムラ、ムダ、ムイの三ムという言葉があった。ムラ（邑）は地域、ムダは無駄、ムイ（無為）は仏教で、作られたものでないもの、私の言葉で「永遠を思う心」をいう。この三つの「ムラ、ムダ、ムイ」が表されているのが、鎮守の森だと捉えてきた。神奈川県に二千八百五十の鎮守の森があったのに、三十年前の調査で規格に合致するのがわずか四十二。だんだんなくなって寂しくなってきた。

子どものときに、祖母がよく使った言葉は「お天道様が見ているよ」。これが民衆の道徳の規範であった。「人は見ていなくても、お天道様に見られているよ」と。この「お天道様に見られている」感覚が、今日の言葉でいえば、スピリチュアリティに通じる感性の問題だと考える。そして、この感覚こそが、外科の泰斗《たいと》パレーの、「我包帯す、神これを癒したもう」の思想になって現れる。食前の「いただきます」は、生産者、両親家族への感謝とともに、動植物の命をいただくことへの挨拶で、日本のユニークな文化であることに注目したい。

第5節　ヒューマン・サービスの精神

大学開設のときに、ヒューマン・サービスを掲げた。私は自分の働いている地域の目標として、「安心して子どもを育てられる社会」「違いを受け入れたすけあう社会」「長寿を喜ぶ社会」「みんなで参加して共につくる社会」という四つの言葉を掲げた。いわば、エージング・イン・プレイス、お互いの居場所をいかにつくり、確保するかでもある。

ヒューマン・サービスのキーワードを私は四つもっている。

一つは holistic で全人的の意。一八六〇（万延元）年、初めての日本の遣米使節だった豊前守新見正興が、米国船上で水夫が死んで、艦長以下みんなが涙を流しながら、敬礼をもって水葬にする光景に出合った。日本では身分の低い水夫は夜陰にまぎれてひそかに葬った。人格という概念を身分社会において育てることはできず、障害児が生まれると嫁の家系が悪いと因果を問い、嫁を離縁させた時代の出来事である。

ライフは、医療では生命、福祉では生活。しかし、ライフは何よりも、生まれて死ぬまでの人生そのものでなければならないというのが、全人的、as a whole person という意味になる。そして、一九七九年から、私がトータルシステムという言葉を使ってきたのはバラマキ福祉に対応する言葉で、全人的対応としてサービスの調整、総合化をどうするか。

第二は、civitas コミュニティ。公私と長いこと言いならわしてきたが、それは官民のことで、現在求めてられているのは市民社会の総体としての新しい「公」の創造が課題ではないか。

そして、第三に、compatibility。和解は、実はこのコンパーティブリスを指す。時計はたくさんの部品で成り立っているが、すべて組み合わされて不都合を起こさず一つの完成品をつくっている。この互換性が compatibility であるが、人間はそれぞれが自己主張と利己心をもつので、機械のように組み合わすことができない。人間を統合化に向けて組み合わせることができるとすれば、和解以外にはないのではないか。それは愛と呼ぶことができる compatibility が corpua（身体）として象徴されている。バラバラにサービスしてひとりの人間を分断している現状に対して、統合的なサービスへと変わるのを願っている。

もう一つは、acculturation。ヨーロッパ社会は与える文化をもっている。ビル・ゲイツが自分の財団に差し出した金はすでに一兆円を超え、米国市民の寄付額は日本人の三十倍に達する。与える文化である。しかし、ヨーロッパには受ける文化が乏しい。アジアは与える文化をつくらなかった。しかし、受ける文化がある。日本は与える文化も受ける文化も熟していない。そこにこそ、新しい文化をつくり出す可能性を、私はみている。

二十世紀は、戦争の世紀だった。しかし、同時に社会保障をつくり、ボランティアが盛んになり、NPOが活動し、福祉国家が成立する、愛を深めた時代でもあった。歴史は長い目でみれば、平和・正義・福祉・人権に向けて歩み続けている。その展望のなかでヒューマン・サービスという一灯を掲げたい。これからの時代は、ボランティア、NPO等中間組織の発展にかかっているのではないか。こうしたなかで、ヒューマン・サービスのお家元のアメリカでは方法論、援助論が主になっているが、私のヒューマン・サービスはひとつの問題提起で、時間をかけて是非コンセプトをつくっていただきたい。

ヒューマン・サービスとは、自立的かつ連帯的に高め深めつつ人生を最期まで成熟できるように、全人的で統合的にサービスを提供し、豊かな環境と社会システムを整えるパラダイムをいう。人間を真実に人間たらしめるために。私はヒューマン・サービスこそ二十一世紀のパラダイムだと確信している。

福祉は、自己の強さで他者の弱さを担い、自己の弱さが他者の強さによって支えられる、それを社会機構のなかで仕組みをつくりだし実践する、それが社会福祉で人間の関係性の具体化でもある。労働政策として「強さ」のみを重視し、「弱さ」のもつ意義を顧みることがなかった。

「秘すれば花　秘せずば　花なるべからず」(世阿彌『風姿花伝』)

新渡戸稲造は、「見る人のためにあらで、奥山に己が誠を咲く桜かな」と詠った。

大事なものは子どもも隠して宝物にする。人に見えない信念、プリンシプル、信仰、それが大事で、それこそがスピリチュアリティで、専門職は、「秘めた花」の存在であっていいのではなかろうかと思っている。スピリテュアリティとは、自己存在を超える深みから根源的に人間を支え動かし、知情意身体を統合して生きる意味を内発的に問いかけ、生物的な命を実存的な命へと成長せしめる力をいう。

ダミアン、一八八九年ハワイのモロカイで感染して、ハンセン病になって死んだ神父。神父としてハンセン病の患者と生活を共にし、いつも「あなた方は」と言って説教をした。ある日、焚き火に手をかざしたら熱さの感覚が失われており、感染を自覚した。このときからダミアンは、「私たちは」と言葉を変えた。「あなた方は」から「私たちは」に。それがダミアンのアイデンティティである。ダミアンが死に、母国ベルギーが軍艦を派遣して遺骨を引き取った。その軍艦がベルギーに帰港すると、港で迎えたのは国王ひとりだった。国民が国王をして港に立たせたのだ。弱さのために働き、弱さを守るために倒れ、異境の地で人知れず死んだ秘めた花ともいうべき人物に対して、国を挙げて畏敬の思いで感謝の意を表した。それを福祉の文化と呼べるのではないか。弱さを尊び、それを担う専門職が尊敬される文化を、私たちがどうすれば形成していくことができるか、それが私どもの課題なのではないか。

最後に「何嘆事業竟成無」を。自分の本に引用した言葉だが、専門職、それはさまざまな知識、技術が必要だが、何が一番求められるかというのならば、人生の喜び、生きる希望を伝えることだ。私たちの仕事は、一代ではなく何代何十代と継承されて達成に向かうのであって、私自身も先代から次代へと一つの節目にすぎない。それこそが、私はヒューマン・サービスの精神だと思う。これから何代にもわたって、この大学の教育を通して専門職に受け継いでいかなければならない。

私はその最初の節目に、学長としての任務を負うことができたのは大変光栄で皆様方に支えていただき、心からお礼を申し上げる。ありがとうございました。

おわりに――「残心」の豊かさを求めて

私が福祉を学び始めたのは二十四歳のときで、それから六十年近く福祉にかかわってきたことになる。しかも、学生時代には社会事業とかボランティアという言葉さえ聞いたことがなかった。

学校は限られ、師は少なく、本もない。自分で学ぶ道を求め、方法も手探りで探すほかはない。それはそれなりに身についたものがあったであろうが、なんと遠回りしたことか。

現在、福祉を学ぶ人の多くは二十歳前に専門の勉強を志し、しかも学校・教師・専門書のどれをとっても学ぶ条件に恵まれていて幸せだと思う。それだけに、恵まれすぎて選択に迷うという、私の若い時代には考えられなかった問題に直面しているのかもしれない。

だが、条件の多少にかかわりなく、福祉を学ぶ姿勢において、昔も今も変わりがあるはずがない。

どう福祉を学ぶかは、教授や先輩の指導を仰ぐとしても、自身が自主的に決めることであるからだ。学ぶとは、自分でその態度をつくりあげていくことだ。福祉で働いてきた一人として、自分の歩みに照らして二つのことを希望として述べてみよう。

私が今日あるのは、第2章で述べたように学生時代に二つ三つの出会いを経験したからだと考えている。

一つは、ハンセン病患者のために働く一人の看護師に出会ったことであり、もう一つは書物のうえで一人の人物を知ったことだ。さらに、生涯の友人を得た。それは、邂逅（めぐりあい）ともいうべきで、私の生涯に決定的な影響を与えた。

四人あるいは数人の人物に出会うことによって、私の実存が支えられてきたとの実感がある。学ぶ過程で教師、先輩、友人と出会う。現業では、毎日が同僚や介護する相手の人との出会いの連続であるといってよい。ただし、それを事務的、職業的な対面に終わらせるか、貴重な出会いと受け取るかが、人生を豊かにするか、貧しくするかの分かれ道となろう。

人間は自己絶対化を免れない。だから、友人と対立し、介護される人を軽侮し、同僚をねたみ、上司を批判する。批判的態度が進歩を促すこともあろうが、他者を愛し得ない自己の現実を認めたうえで、被介護者を受け入れる努力のうちに、共に生きる相互性が新たにされるのだと思う。学びの庭で、そして働きの場での出会いを大事にしてほしいのが第一である。

第二に、学ぶ視野の問題だ。福祉の現業では、援助を求める人を通じて、家族・地域を見、社会を踏まえてニードを理解する。介護を受ける人の置かれている地域や家族の構造を把握して、ニードへの接近が可能となる。家族の変化、地域の推移、政策の動向、世界の流れから目を離してはいけない。

私たちの福祉が「社会」福祉である以上、福祉のニードを社会問題として理解する視点を欠くことはできない。

貧困が、個人の病気や怠惰に原因するのでなく、経済の機構とか社会の構造にかかわる社会の病であることは、広く知られるようになった。同じように、障害の問題も、障害者の生活意欲や態度のみではいかんともすることのできない要素をもっている。

それは、産業や就業の構造、教育体系、住宅政策等の社会構造と、人びとの意識構造と不可分に絡み合っていることを認識することだ。福祉は、人間関係の不適応調整という次元と、社会問題としての次元という、二つの視点から総合的にみるべきである。

その上に技術が組み立てられる。仕事によっては、相手の体に直接触れる介護もある。そこでは、爪の切り方から入浴に至るまで技術が要求される。人間の社会関係の調整を図る場合もあろう。なにより、プライバシーの尊重が重視される。ここに専門職制度が登場してきた理由の一つがある。

専門職とは、単に技術や知識を修得した人を指すのではない。すぐれて、介護を要する人の人権を重んずる人のそれである。技術や専門を、誰のため、何のために活用するのかを絶えず問われることを忘れてはいけない。それは、一人ひとりの福祉従事者としてのあり方にかかわってくる。

マンスフィールド米国大使が辞任するおりに、日本人への助言として次の二つの言葉を語った。

「己の欲せざるところ、人に与えるなかれ」

「人からしてほしいと思うことを、そのとおり人にしなさい」

職務・勉学・研修によって厳しく自己を抑制し、修練するときに、はじめて他者の立場を配慮した積極的実践が生まれることを示唆しているのではないだろうか。そして、その生き方を貫き支えるのがフィロソフィーにほかならない。

自己愛と隣人愛との葛藤を重く受けとめ、他者とともに生きることに自分のあり方を方向づける努力が、働く生きがいを育てる。

喜捨という言葉が仏教にある。報酬を求めず、喜んで財宝を施すことをいう。「喜」とは、人のためによかれかしと喜びをともにする心、「捨」は執着を離れて正しい智慧に照らされたいと願う態度を指している。

生きがいは、人間が自己目的であるときには生まれない。他者とともに幸せを分かつときにつくられるものではないか。

生きがいとは生きる意味のことである。

生きがいは、人間の価値観に属するから、他人が介入する余地はない。ましてそれを押しつけることは許されない。

他人にできることは、生きがいがつくられる条件を整備し、そこに「招く」ことにすぎない。他者と共存しなければ生きられないのに、人間は、本能的に他者に心を閉じようとする存在である。

ところが、福祉は他者との連帯を前提として成立する。ギャップの克服が課題である。ヘルパーとして、介護者として、福祉専門職として、あるいはボランティアとして、呻きを聞く。それは、ときに耐えがたいほど辛く、しかも多くの場合、一人でしなければならぬ孤独な職務でもある。しかし、耳を澄まし、心を静めて苦しみを共有しようとすれば、その答えも導かれるかもしれない。いや答えようとするひたむきな誠実さと責任感が心の底に湧きあがってくる。それが喜びなのである。それを愛と呼ぶ。

この喜びを求めながら、日々新たにされる。それが、仕事や生活のなかで失敗や失望の繰り返しがあったとしても、なお希望に生きるということにほかならない。

われ年とともに老いゆかん(1)
最善のもの未だ来らず
そわ生涯の終りにして
生涯はそのはじめのために
作られてあれば

私はこのブラウニングの詩が好きだ。「最善のもの未だ来らず」。人間として、最後まで――死に至るまで――最善を求める存在でありたいと願ってやまない。

特別養護老人ホームで、百四歳になる女性と一緒にお茶をいただいた。私が十数秒で食べたケーキを、その方は三十分かけて食べ終えた。まさに「休まず急かず」で、一さじずつ食べている老人に、一足、また一足と歩み続ける「自立」的人間の姿を見出し、感銘を受けた。

自立に向けて生きる人を援助するのが介護者の役割で、決して高齢者を保護対象として手助けするのではない。それは、あくまで主体的に生きる意志と努力を支え励ますための介護と考えたい。

「残心」という言葉が茶道にある。客の帰ったあとの主人の気持ちを物語るようで、主人の心に残った安堵感・喜び・満たされた気持ちを言うらしい。

福祉の世界で働く喜びは、援助し、介護する高齢者や障害者が、少しでも自ら生きる態度を示すことなのではないか。肉体的にできなければ、精神においての自立を目指して働きかけることがどんなにすばらしいことか。

日々の仕事の営みのあとに、魂と魂がふれあう出会いが生み出す「残心」の豊かさを宿しながら、最善を求めて努力したいと思う。

注・引用文献

第1章

(1) 岩下壮一『救ライ五十年苦闘史』中央出版社、一九六二年より引用。テストウィドは、私が働き居住する横須賀に、幕末に設けられたウェルニーの造船所の聖堂に神父として来日し、布教のため横須賀に次いで御殿場地方を巡回した。神山復生病院の墓地に葬られている。
(2) 詳しくは、小川正子『小島の春――ある女医の手記』(改訂版)長崎書房、一九九二年を参照のこと。
(3) たとえば、犀川一夫医師によって記録された『門は開かれて――「らい」とともに四十年』みすず書房、一九八八年を参照されたい。
(4) (1)の文献より。
(5) (1)の文献より。
(6) 岩下壮一『信仰の遺産』岩波書店、一九四一年、『中世哲学思想史研究』岩波書店、一九四二年を参照。この二冊は、一九八二年に改訂版が出版された。
(7) 糸賀一雄『福祉の思想』日本放送出版協会、一九六八年より引用。
(8) 森田宗一『おとずれ』第二十七号、一九九五年より引用。
(9) (1)の文献より。

第2章

（1）詳しくは、小坂井澄『ライと涙とマリア様――ハンセン病百年』図書出版社、一九八九年を参照のこと。

（2）*The Industrial Revolution of the Eighteenth Century in England* (1884) はトインビー自身が執筆したものではない。オックスフォード大学でのノートもメモも用いない講義を聴講した、W・J・アシュリー（経済史家）らのノートに基づく講義記録で、トインビー夫人が序文を寄せている。出版はトインビーが死んだ一年後。二十代の青年学者が提起した「産業革命」をめぐって今日まで学界を賑わせている。

（3）阿部志郎『福祉実践への架橋』海声社、一九八九年を参照のこと。

（4）若林龍夫監修による『福祉の臨床』建帛社は、一九七四年に刊行された。

（5）仲村優一・小島蓉子・L・H・トムソン編『社会福祉 英和・和英用語辞典』誠信書房、一九八一年のなかで、トムソンは英文による詳しい用語解説も施している。

第3章

（1）アルベルト・シュワイツェル／石原兵永訳『文化の没落と再建』新教出版社、一九五一年

第5章

（1）糸賀一雄『この子らを世の光に――自伝・近江学園二十年の願い』柏樹社、一九六五年を参照のこと。

（2）Rabindranath Tagore（1861-1941）、アジアで初めてノーベル賞を受章したインドの詩人。

第6章

（1）阿部志郎「ボランティアの思想的性格」『社会活動研究』第六巻第二号、全国社会福祉協議会、一九七三年

第7章

（1）阿部志郎『地域の福祉を築く人びと』全国社会福祉協議会、一九七八年を参照のこと。

（2）岸川洋治『近隣活動とコミュニティセンター』筒井書房、二〇〇四年

第8章

（1）ヴァイツゼッカー『荒れ野の四十年――ヴァイツゼッカー大統領演説』（岩波ブックレット、第五十五号、一九八六年より引用。

第9章

（1）神奈川県立保健福祉大学における最終講演（二〇〇七年二月七日）を文章体に修正したものを収載させていただく。（『神奈川県立保健福祉大学誌』第四巻第一号、二〇〇七年）

この講演で、なぜ社会福祉を職業とするようになったか、今日までの五十年の歩み、特に私自身の内に生じた内的変化――私はそれを「成長」と認識している――を学生諸君に語った。1章から8章までの内容と重複する箇所があるのはお許し願う。

最後の部分の文献を記しておく。

阿部志郎・一番ヶ瀬康子『なんぞ嘆んぜんやついに事業なるなきを』ドメス出版、二〇〇一年

おわりに

（1）福原麟太郎『われとともに老いよ――ブラウニング随想』新潮社、一九七六年より引用。

著者紹介

阿部志郎（あべ　しろう）

1926年　東京に生まれる

1949年　東京商科大学卒業

同　年　明治学院大学に奉職，のちに助教授

1950～52年　米国ユニオン神学大学に留学

1957年　社会福祉法人横須賀基督教社会館館長に就任

2004年　神奈川県立保健福祉大学学長に就任

現　在　社会福祉法人横須賀基督教社会館会長，神奈川県立保健福祉大学名誉学長

著　書　『地域福祉の思想と実践』（海声社），『福祉の心』（同），『ボランタリズム』（同），『福祉実践への架橋』（同），『トインビーホールの100年』（全国社会福祉協議会出版部），『地域福祉のこころ』（コイノニア社），『もうひとつの故郷』（燦葉社）

福祉《ふくし》の哲学《てつがく》［改訂版］

1997年4月15日　初　版第1刷発行
2007年3月30日　初　版第14刷発行
2008年6月20日　改訂版第1刷発行
2022年3月15日　改訂版第5刷発行

著　者　阿部志郎
発行者　柴田敏樹
印刷者　西澤道祐

発行所　株式会社　誠信書房
〒112-0012　東京都文京区大塚3-20-6
電話　03（3946）5666
http://www.seishinshobo.co.jp/

印刷／あづま堂印刷　製本／協栄製本
検印省略
落丁・乱丁本はお取り替えいたします
ISBN978-4-414-60329-3 C0036　Printed in Japan

福祉援助の臨床

共感する他者として

窪田暁子 著

福祉の現場に立ち、生の営みに困難を感じる人々に対し、専門職はどのような社会的責任を負い、援助活動を展開するのかを開示する。

主要目次

四六判並製　定価(本体1900円+税)

ケースワークの原則

[新訳改訂版]

援助関係を形成する技法

F.P.バイステック 著
尾崎 新・福田俊子・原田和幸 訳

社会福祉を学ぶときに必ず触れるバイステックの７原則の原本。改訂版では旧訳の原則名を載せ、より鮮明に理解できる。

目　次

四六判上製　定価(本体2000円+税)